ちくま新書

年金不安の正体

海老原嗣生
Ebihara Tsuguo

1448

年金不安の正体【目次】

序章　年金制度の本当の問題とは　011
不安を煽ると議席が伸びる／賦課方式のメリット、積立方式のデメリット／運用損で年金原資が不足する？

第一章　積立方式では解決しない　019

1　積立方式は成り立たない　021
そもそも積立方式では制度開始できなかった／運用コストと高齢化リスク／即時決済で経済激変に強い賦課方式

2　賦課方式の最大の欠点は、積立方式でも完全に解決できない　027
「賦課方式は損」と言われるたった一つの理由／「修正積立方式」という言葉への誤解／賦課方式ならば、国と制度がある限り続く

3　二〇〇四年改革は少子高齢化をしのぐために行われた　035
人口減イコール負担増ではない／〝一〇〇年安心〟という誤解ワード／マクロ経済スライド方式

は、コペルニクス的転回／二〇〇四年モデルへの批判こそ、すべて外れた／基礎を理解しない批判／旧民主党の暴論

第二章 厚労省が悪い、では解決しない 051

1 過去の制度設計は甘かったか 052
歴史的苦闘の世代に、あめ玉代ほどの年金額／国民年金「開始当初から六五歳支給」は誤算か打算か／繰り返される保険料アップの真相／五〇年前から織り込み済み!?
2 積立金の運用損では破綻しない 061
巨額の積立金が失われたというが……／問題は規律の乱れ／グリーンピア損失三〇〇〇億円超の内訳／実損失は報道額の四分の一以下／支払い利子は巡り巡って年金基金に還元
3 年金の〝逃げ得〟説の陥穽 073
モデル数値よりかなり低かった所得代替率／夫婦フルタイム労働で年金額が増える
4 「年金未納と無年金高齢者で日本は破綻」などしない 080
実質五％弱の未納率が「四割超」と騒がれている／年金未納問題の旗振り役は日経新聞／基礎年

金を全額税負担に変えられるか？／未納問題を声高に叫ぶ本意
5　現役世代を増やし、高齢世代を減らすことは人為的に可能　088
年金財政をリバランスさせる方法／年金の「もらい過ぎ」が起きた理由

第三章　「年金は欲しいが高負担はいや」という世論　093

1　消費税というタブー　095
一四か月で消滅した元祖・消費税／一般消費税で倒れた十字架宰相／売上税を提唱した中曽根首相／竹下首相の消費税導入と失脚／細川首相の頓挫、村山政権による引上げ／党を割りながら税率アップした野田首相
2　鬼門の消費税の風向きが変わった時　107
消費税に関われば内閣がつぶれる／消費税法案を可決させた竹下政権の戦略／反対派から推進派への寝返り／本当の意味での政権監視と、成熟した政策論議を

第四章 ウソや大げさで危機を煽った戦犯たち 119

1 政権前後で年金に対する発言が一八〇度変わった旧民主党 120

「私たちなら年金を全額税方式にできる」の具体策はなかった／当初から疑問を抱く人、後に非を認めた人、頬かむりの人

2 「無駄遣いをなくせば増税不要」という確信的詐話 127

旧民主党政権のマニフェストの大盤振る舞い／特別会計二〇〇兆円というが、その八割は見せ金

3 マクロ経済スライドを〝老人いじめ〟とはき違える 133

今やらないと、将来世代が損をする／抜かずの大剣に終わる可能性／未発動分を取戻す制度は設けたが、それでも足りない

第五章 ベーシック・インカムの現実度 139

1 年金行政を根本から変えるか？ 140

国民全員に生計費を一律支給／ベーシック・インカム導入は低賃金化を進める／フリードマン「負の所得税」／ベーシック・インカムは月七万円？／計算上は、財源確保が可能／労働忌避も避

けられる?
2 誰が大きく損をするのか 151
市場万能主義とベーシック・インカム/生活保護は代替できない/月額七万円の中途半端さ/支給と需給を調整すると膨大な作業/中途半端なこけおどし/生活の底上げになるか/金持ちと極端な貧困家庭だけが得をする/その正体は、中間所得層の大増税と行政サービス縮小

第六章 昨今繰り広げられた、対立的な政治風景 165

1 常識に噛みつく質の低い国会論戦 166
恫喝、天つば、確信犯/過去から連綿と続く高齢世帯の赤字/生活保護は救貧、社会保険は防貧/同じ論戦は一五年前の国会でも繰り広げられた
2 こども保険は、社会保障正常化への第一歩になるはずだった 176
合理的選択としての少子化/こども保険が目指したもの/政府が「全世代向け社会保障」策定/こども保険の失敗はあとあと悔やまれることになる

終章 もっと本気で高負担社会 185

高齢者にばかりにサービスしすぎか／悪いタイミングでバブル崩壊が起きてしまった／国民負担率の低さを赤字国債でしのぐ／微動だにしない税率、柔軟で可変な社会保険料率

おわりに 空気と水と平和と福祉 201

コラム 知識補給

1 日本の年金制度の構造 020／2 Out put is Central 028／3 公的年金批判論者の系譜 031／4 人口が維持できる出生率 036／5 100年安心プランとは何か？ 038／6 有限均衡方式 040／7 所得代替率 041／8 鈴木亘流の「二重の負担解消案」への違和感 047／9 昔の保険料は安かったと言えない 056／10 お一人様の年金生活が苦しい本当の理由 075／11 生活保護で社会保障が破綻？ 085／12 消費税と政局の歴史 108／13 旧民主党→民進党→立憲民主党と国民民主党に分裂 125

序章　年金制度の本当の問題とは

†不安を煽ると議席が伸びる

日本では「年金が破綻(はたん)する」という話が、どうも人の心を惹きつけるようで、週刊誌や新聞、テレビ・ラジオ、ネットニュースなどでも盛んに喧伝(けんでん)されてきた。医療や介護に関しても同様で、将来が危ないとばかり言われている。そうして、世の多くの人が「日本の社会保障システムはヤバイ」と思うようになった。その空気に乗じて、「日本の年金は破綻している」「抜本的な組み替えが必要」という論陣を張り、一時的に票を集めていく政治家たち……。

ここ十数年を見ても、旧来の社会保障制度を目の敵にする公約を掲げた政党が、旧民主党や維新、旧みんなの党、都民ファーストの会などぞくぞくと誕生し、彼らは、ブームに乗って大幅に議席を伸ばしてきた。これら四党派の中で、国政で政権の座にまでのぼれたのは旧民主党だけだが、彼らの政権運営はお粗末ではすまされない、まさに詐欺的なものだった。「確実に破綻する」といっていたものが、「簡単に破綻などしない」と一八〇度主張を変えてしまったのだから（第四章で詳述する）。

†賦課方式のメリット、積立方式のデメリット

実は、先進国の多くは、日本と同じ賦課方式という仕組みで年金制度を運営している。年金批判論者がよくいう「積立方式」や「全額税負担」という仕組みをとっているのは、ほんの少数であり、それも、国土が日本の何倍もあるのに、人口は日本の数分の一といった有利な条件の国や、もしくは経済成長著しい小さな新興国などしかない。人口が三〇〇〇万人を超える先進国は、どの国も日本と同じ賦課方式だ。なぜそうなったのか？　それは、一見合理的に見える積立方式や税方式には、決定的な問題があり、一方、不合理に見

える賦課方式はとても利便性が高いからなのだ。

まず一番大きな問題は、年金制度開始時点で発生する。国民年金は一九六〇年に制度が創設された(保険料の徴収は六一年四月から)。仮にこの時、積立型で始めていたとしよう。すると、すぐに大きな問題に突き当たる。

当時すでに六〇歳以上だった人はどうするかだ。彼らは現役時代に年金を積み立てていないので、無年金者になってしまう。それでよいのか? 大震災や大恐慌、戦災と、とかく不幸の多かったこの世代の人たちにそんな辛い仕打ちはできないだろう。制度開始時点で四〇歳や五〇歳の人にも同様の問題が起こる。彼らとて、現役時代の半分を過ぎており、その間、積み立てをしてこなかった。そのままでは、低年金者になってしまう。……と、こんな感じで、積立型だと、制度を始めた時に加入年齢を超えていた人たちに、必ず積立不足が起きる。

そうした不都合がなくなり、きちんと制度が軌道に乗るのは、当時二〇歳だった人が六五歳になり、年金が支給開始となる二〇〇五年なのだ。それまでの四五年は、何かしらの形で積立不足を補填しない限り、制度が成り立たない。さらにこの間、積立金を四五年にも渡って運用し続けるリスクや、その間の運用コストなどの大きなデメリットもついてまわる。賦課方式なら、こうした問題がいっさい発生しない。

そしてもう一つ。当時は寿命が今よりもずっと短かった。その頃に、「五〇年後の未来では、寿命がどこまで伸びているか」などと正確に予想はできない。実際、寿命の予測は外れ続けてきた。これは積立方式だと大きな問題になる。当初の予測寿命までしか積み立てをしていなければ、それ以降は無年金になってしまうのだから。対して、賦課方式なら、現役世代の負担調整で何とかしのぐことができる。

けっきょく、積立方式が賦課方式よりも優れているのは、唯一「少子化に強い」といわれることぐらいなのだ。ただし、この点についても額面通りのメリットはない。詳細については、第一章で説明する。

†運用損で年金原資が不足する?

日本の年金制度では、集めた保険料の運用に過ちがあったという批判もよく聞かれる。政治家や官僚によりむやみに使われ目減りした、というのだ。

確かに、グリーンピアに代表される政治家の我田引水な施設建設で、大きな損害は発生した。しかし、それは積立金の一%にも遠く及ばない程度の額だ。損失額としてもっと大きいのは、財形年金住宅ローンに転用され発生した運用損である。ただ、どちらの事業損失も、実はその多くが当時の大蔵省に利息として支払われた金利によるものだ。それは大蔵省側では利益となっているので、国家財政的には損失になっていない。

なお、この話には裏がある。二つの事業は大蔵省からの融資で運営されていたのだが、大蔵省はその原資を年金積立金から念出していた(!)。ということで、大蔵省は受け取った返済金と利息を、今度は年金積立金に返している。けっきょく、二事業の損失の多くは、行って来いで相殺されるため、桁違いに少なくなる。この流れについては第二章であらためて触れる。

言われる年金の運用ミスとは年金財政を揺るがす大損失ではなく、当時の大手優良企業の財テク失敗よりもはるかに傷の浅いものでしかない。

「バカをいうな、日本は年金の積立金が足りない、枯渇しそうだ、と言われているではないか」。そんな反論が寄せられそうだが、この話も誤解に端を発している。詳細は第一章に譲るが、賦課方式は積立方式ではないのだから、そもそも積立金など不要なのだ。だから日本と同じように賦課方式をとる欧米諸国の年金積立額は日本よりもはるかに小さい。

日本は、高齢者が少なく現役層が多かった過去の時代に、余剰金をせっせと蓄積してきたおかげで、賦課方式ながら稀に見るほどの積立規模となっている。あまりにも額が大きいゆえに、「積立方式」と勘違いして、「足りない」「枯渇する」などと批判をする輩があとを断たないのだ。

この余剰金を、人口構成や寿命などが安定するまでの間、計画的に費消して、苦しい時代を乗り切ろう、というのが本来の「一〇〇年安心」という意味だ（とかく問題となることの言葉は、実は行政府が発した正式用語ではなく、当時、坂口厚労相を輩出していた公明党が二〇〇四年参議院議員選挙で使った言葉だ。詳しくは第一章のコラム知識補給5で後述する）。

「それでも、少子高齢化が進み、年金原資が足りなくなったらどうするのだ？　際限なく料率を上げられたら、現役世代の生活は破綻するだろう」。いや、それも年金の将来計画には折込み済みだ。

年金料率は、二〇一八年以降はもう上げない。足りない分は、高齢者の年金支給額を減額して帳尻を合わせる。ただ、その減額にもボトム設定がある。現在では現役世代の収入の六割をもらえる想定だが、将来減額しても五割は維持することを目途にしている。現状では、この想定以上のラインで年金財政は推移している。このあたりは、第二章を参照いただきたい。

ここまで読んでも信用できない人がまだまだ多いと思う。異論や反感を抱きながらでもかまわないので、ぜひ、関連する章を細かく読んでいただきたいところだ。まだこの時点では納得行かない人が多いだろうが、あえて、私が調査・取材してきた結論を先にしたためておく。

――年金問題の根源は、「日本人の心にある」。

本書読了後に再度、この言葉の意味を考えていただけると幸いだ。

第一章

積立方式では解決しない

「年金財政は完全に破綻している。このままでは積立金が底をつく」「現在でもすでに五〇〇兆円もの積立不足が発生している」。こんな話が、もう二〇年以上も前から叫ばれている。それも、相当高名な経済学者や、年金専門家の一部からも発せられてきた。この流れに政府与党の責任を追及したい野党が加わり、えてして年金は政争の具と化す。マスコミもそれを盛んに報道し、そこに年金保険料率のアップや未納率上昇の話が重なると「もう年金はもたない」というイメージが浸透する――「年金破綻論」の原点には何があるか。

それは、「賦課方式と積立方式」という年金制度の根源的な違いに対する誤解だ。

知識補給1 日本の年金制度の構造

日本で支払われる年金は、3階建ての構造となっている。
1階部分——基礎年金：広く薄く高齢者に支払われる。企業や行政組織などに雇用される人（いわゆるサラリーマン＝2号保険者）、その配偶者で年間所得が130万円未満の人（3号保険者）、自営業者とその家族、学生（1号保険者）などからなる。40年間満期で加入すると年間79万2000円（月額約6万6000円）の支給となる。
2階部分——企業や行政組織などに雇用される人（2号保険者）に支給される加算部分：一般法人従業員・公務員・私立学校・船員などのほか5名以上の従業員を有する個人事業者なども加入義務がある。
3階部分——2号保険者のうち、職場によって任意加入されている場合に加算される：企業は企業年金、公務員の場合は職域加算と呼ばれることが多い。

図表1　年金の構造

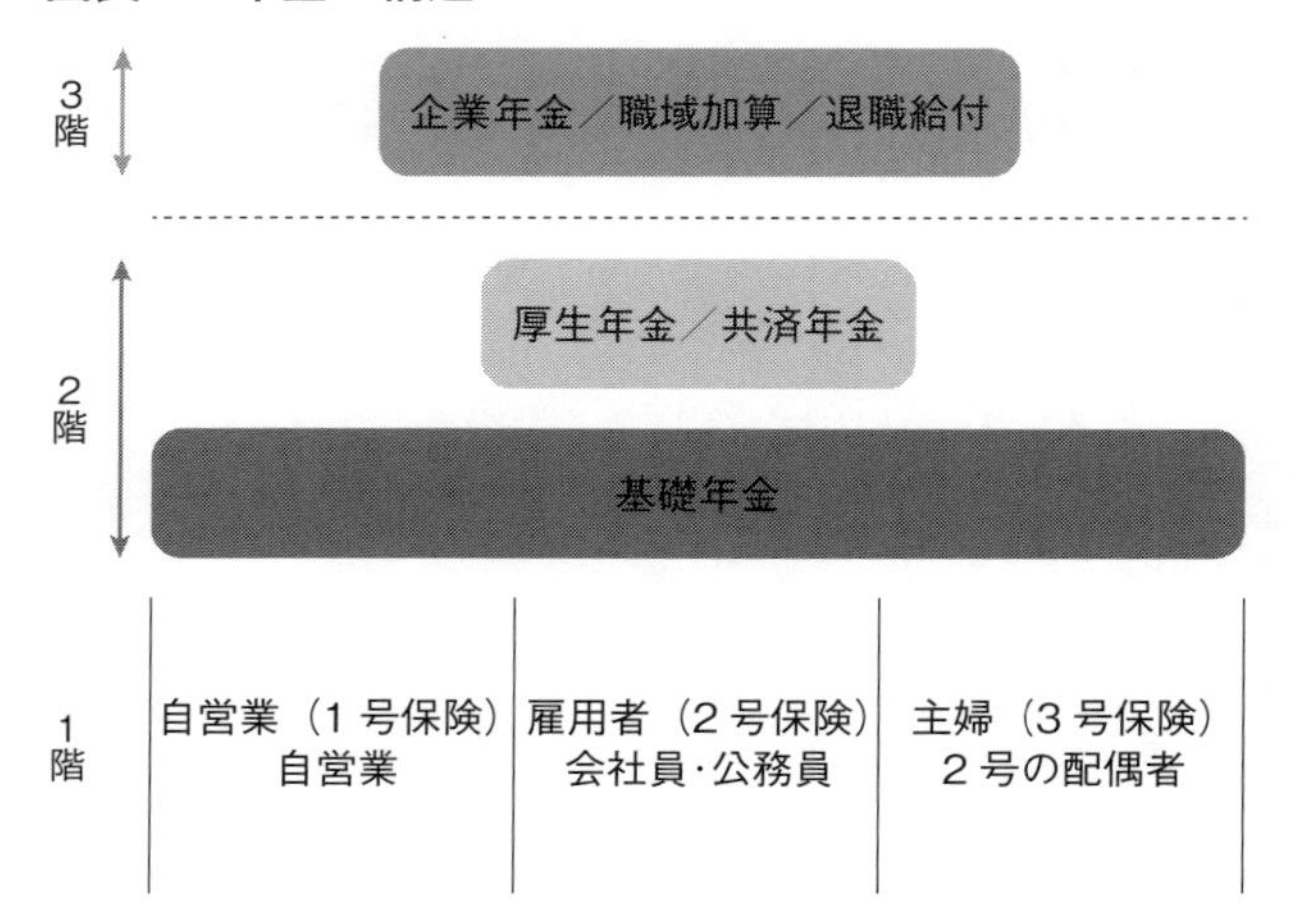

1　積立方式は成り立たない

†そもそも積立方式では制度開始できなかった

第一章では、年金制度の基礎中の基礎を徹底的に振り返っておく。

仕事を引退した高齢者に年金を支払うには、まず、そのための原資を用意する必要がある。その資金調達法として、代表的なものに賦課方式と積立方式があるが、両者の違いについて説明する。

積立方式はその名のとおり、個々人が現役時代に年金を積み立て、その積立額を、自分が高齢期になった時に受け取る（もしくは同年代の受給者で分け合う）という仕組みだ。自分たちが払ったものを、自分たちで受け取るのだから、少子化で現役世代が減ったとしても、問題は起きにくい。そこから、とかく合理的と言われがちだ。

ただ、積立方式にはいくつもの決定的な問題がある。だから、多くの先進国ではこの方式を採用していない。まずはそこに触れておこう。

最大の問題は、この仕組みを導入した場合、制度を導入してから年金がきちんと支払われるようになるまでに、四〇年以上の年月が必要となることだ。序章で述べたように、日本の国民年金は、一九六〇年にその制度がスタートした。ただ、当時もうすでに高齢になっていた人は多々いる。彼らは現役時代に積み立てをしていないから、積立方式では年金をまったくもらえない。同様に、制度開始時点で四〇歳や五〇歳になっていた人も、その時点からでは積み立てられる額が少なくなるから、まともに年金を受け取ることができない。そう、積立方式だと、年金を満額もらえる人は制度開始時点で二〇歳未満だった人が六五歳になる、四五年後の二〇〇五年まで現れないのだ。

それまでの間は、高齢者といえば無年金もしくは低年金という社会にならざるを得ない。もしくは、当時の現役世代が、自分の年金を積み立てながら、すでに高齢になった人の分の年金原資までを拠出するという「二重の負担」をするしかないだろう。それは開始から相当の長期間、現役世代に高負担を強いることになる。

しかも、生活水準がとても低い当時に積み立てを行えば（仮に積立金の運用成績がそこそこ良かったとしても）、当然、その額は小さくなる。高度経済成長を続けて社会全体が生活水準を上げていく中で、過去の苦しい時期に積み立てた額に相応の年金額しか払われない、という問題も生まれていただろう。

この当たり前の問題を積立方式支持者は口にしない。もう六〇年近く前のことだから、気づいていないのか、それとも確信犯なのかはわからないところだが。

†運用コストと高齢化リスク

積立方式には、大きな問題がまだまだある。

二つ目は、積み立てた年金を四〇年も運用しなければならないことだ。この間に運用を失敗すると、もらえる年金は減ってしまう。

だから、積立金の運用には相当な手間がかかる。皮肉なことにいくら運用に注力をしても、その結果、やはり世代間で格差が生じてしまうのだ。たとえば、高度成長期は、総じて高利回りだったから積立金をハイペースで増やせた。一方、バブル期以降は低金利時代のため、積立額はなかなか増えない。こんな形で、少なからず世代間格差は生まれてしまう。

そして三つ目の問題。それは、「高齢化」に対して、賦課方式以上に弱いことだ。寿命が想定以上に伸びてしまうと、自分の積み立てた年金額では不足が生じてしまう。現実に沿って考えてみよう。

制度が開始された一九六〇年時点で六五歳男性の平均余命は、一一・六二年だった。当然、年金はこの一一・六二年分＋α（プラスアルファ）（余命の伸びの想定）をまかなうように設計される。ただ余命が、二〇〇五年では一八・〇七歳と六歳以上も伸びている。開始時点で二〇歳だった若者は、当初の設定に沿って一一・六二年＋α分の積み立てを行うが、αが実際の伸びより短かった場合、残りの期間は無年金となってしまう。後述するが、賦課方式であれば、高齢化による世代間の負担格差が生まれはするが、制度自体の維持は難しくない。この点でも、賦課方式に分があるといえるだろう。

ここまで説明した三つの問題を払拭して、積立方式を完全なものとするのであれば、一九六〇年開始時点で、以下のような想定で制度を設計していなければならなかっただろう。

・経済変動に対するリスクヘッジ分を料率に加味する
・六五歳余命の伸びを多めに加味して料率を高く設定する
・二重の負担分を料率に加味する

この想定で料率を簡易計算してみると、積立方式が成り立つためには制度開始時点で収入の一五％以上の拠出が必要になる。前年まで負担ゼロだった人たちが一九六〇年を境にいきなりそこまでの高負担を迫られたら、受け入れられずに未加入者ばかりとなったのは火を見るより明らかだ。

†即時決済で経済激変に強い賦課方式

さて今度は、賦課方式の利点について見ていくことにしよう。賦課方式は「現在の高齢者が必要とする年金」を「現在働いている人」に払ってもらう方式だ。いわば、若い世代が高齢世代を養う＝仕送りをするという状態に近い。つまり、現時点での「リアルタイム決済」であり、拠出と給付に四〇年もの時間差が発生したりしない。一九六〇年の制度開始時点でも、その時の高齢者にその時の現役者が〝送金〟するだけであり、ヨーイドンで一斉にスタートが切れる。

これが最大の理由で、国民年金には賦課方式（正確には「修正積立方式」）を取り入れざるを得なかった（＊）。一足先に積立方式で始めた厚生年金（一九四二年開始）も、同様に、一九五四年に賦課方式へと制度変更している。

賦課方式の良い点はまだまだ挙げられる。現時点での現役世代から高齢世代への送金だ

図表2　世界各国の年金制度

国名	財源	財政方式
アメリカ	社会保険	賦課方式（一部積立あり）
イギリス	社会保険	賦課方式
ドイツ	社会保険	賦課方式
フランス	社会保険	賦課方式
日本	社会保険	賦課方式
スウェーデン	社会保険（1999年に税方式の基本年金を社会保険方式中心に改めた）	賦課・積立併用（1999年改革により上積み部に約20％分の積立方式を導入）
オーストラリア	老後のための強制貯蓄（1992年に、従来の税方式を補足的なものに改め、老後のための強制貯蓄を導入）	
ニュージーランド	税	

（2002年、2019年　厚労省資料より。筆者作成）

から、積立金が原則不要で、ゆえに運用コストがかからない。当然、運用手数料も不要だし、その間にバブル崩壊・金融不況・リーマンショックなど、経済の激変が起きても、影響が少ない。こうしたメリットがあるから、多くの先進国は積立方式ではなく賦課方式で年金を運営している（図表2）。

＊厚労省が国民年金について「賦課方式」と言明したのは一九七〇年代前半であり、それまでは玉虫色な発言をしていた。現在日本が標榜する「修正積立方式」（後述）という言葉もそこから出たのだろう。ただし、経時的に給付

水準を上昇させていた状況から、当初より積立方式では財源はまかなえていなかったことは明白と考える。

2 賦課方式の最大の欠点は、積立方式でも完全に解決できない

†「賦課方式は損」と言われるたった一つの理由

ただ、賦課方式にも大きな問題が一つある。それが、少子化に弱いことだ。「高齢者が少なく、現役世代が多い」時代では、現役世代の負担は少なくてすむ。逆に、「高齢者が多くて、現役世代が少ない」時代は、現役世代の負担は大きくなる。この点は、自ら積み立てたものを自ら使うという積立方式に対して賦課方式が劣るといわれ続け、厚労省さえそうした説明を、かつて繰り返してきた。

ところが、現実には積立方式も少子化の影響を少なからず受ける。それが、Output is centralという考え方だ。詳細は、コラム「知識補給2」に譲るとして、今では厚労省も、Output is centralにのっとり、賦課方式も積立方式も少子高齢化の影響を受けると説明するようになっている。積立方式のメリットは小さいという認識が広まっているのだ。

知識補給2 Out put is Central

高齢世代は生み出す生産物が少なく、消費の大部分を現役世代の生産物に頼らざるを得ない。少子高齢化が進むと、少数の現役世代による生産物を、増えた高齢者が取り合う構図になる。こうした場合、積立方式で年金制度を運用していたとしても、現役世代は割りを食う。その不利益は、高齢世代が「過去に蓄えた」積立金を現在の消費に当てるため、現役世代の生み出す生産物の価格が上昇することにより引き起こされる。世代間格差では、賦課方式か積立方式かという年金財務の問題よりも、生産が減ることのほうが重要となる。とすると考えるべきは、少子化対策であり、現役期間の延長（高齢者の労働参加）だろう。

†「修正積立方式」という言葉への誤解

さて、巷では、「年金は積立金不足で破綻する」と騒がれている。これなども、初歩的な誤解だ。少しでも年金制度を知っていたら、「そもそも賦課方式は、現時点で若者から高齢者へのリアルタイム送金だから、積立金はいらない」と、すぐにこの話の過誤に気がつくだろう。

そう、本来なら積立不足など起きない。なのに、なぜこうした初歩的な誤解が止まないのか。その理由は、日本の年金制度はかつて余剰金が多く発生し、それが積み立てられて、給付額が四年弱分にもなっていることにある。その大きさゆえに「積立方式」と勘違いして批判が起きるのだ。他の賦課方式の国の積立金は、一か月からせいぜい三年強である（図

図表3　準備金が年金支給額の何年分あるか

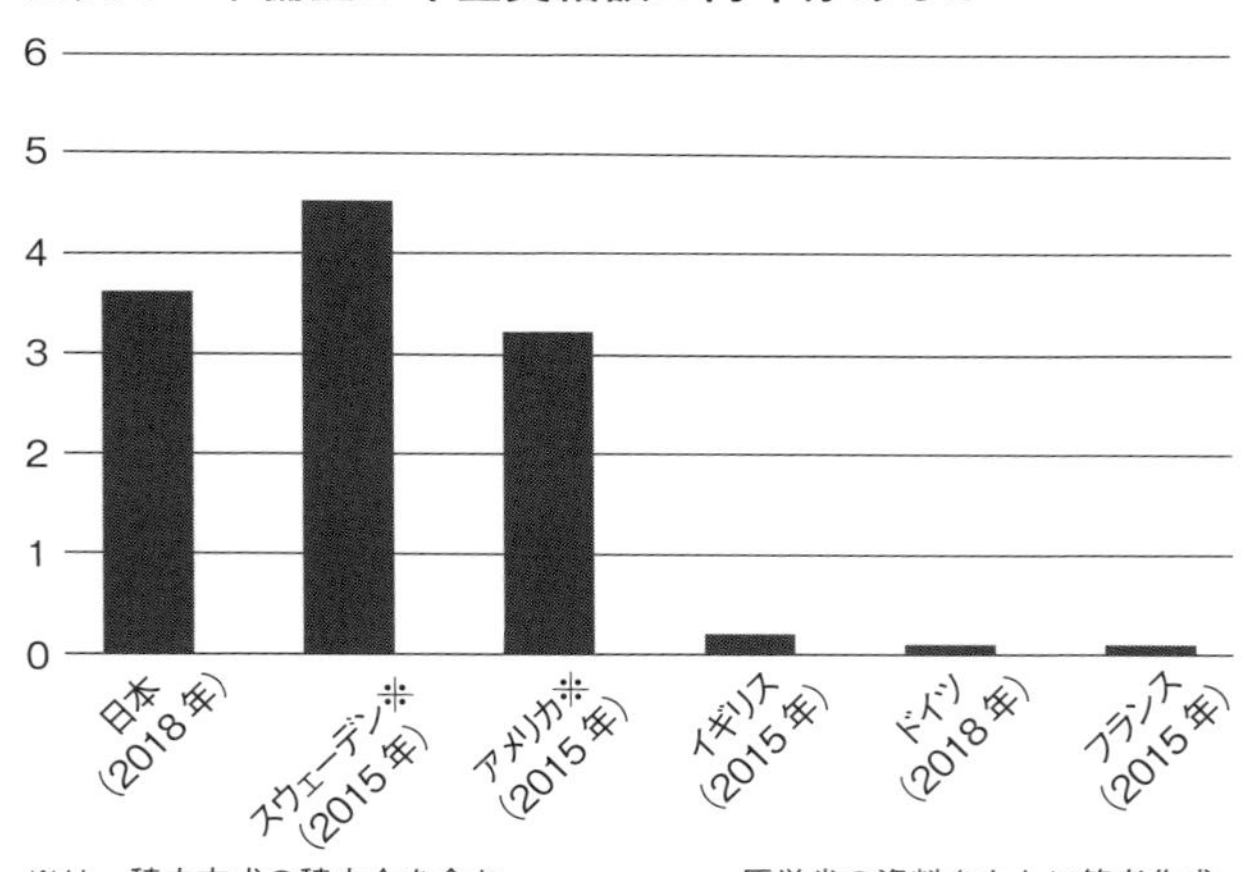

※は、積立方式の積立金を含む。　　厚労省の資料をもとに筆者作成

表3）。

なぜ、日本はこれほど多額の積立金を有するのか。それは、年金制度開始当初、高齢者が少なく、現役世代が多かったことにある。その状態で完全な賦課方式にすると、現役世代の負担が少なくなりすぎる。現役世代の負担をそこまで下げずに余剰金を出して将来のために蓄えたため、膨大な積立金が生まれたのだ。

この積立金が、今後は現役世代の負担軽減に使われていく。そういう意味では他国よりも非常に良いサイクルになっているといえるだろう。

ただし、こんな仕組みのため、賦課方式と言い切ることができず、「修正積立方式」

という名が付けられた。その語感と積立額の大きさから、一知半解な識者が、日本は積立方式と勘違いし、積立金不足＝年金破綻論を繰り広げるのだ。

もしも「修正賦課方式」と名付けていればこんな誤解は起きなかっただろうと、悔やまれるところだ。

この誤解は根深く、いまだに尾を引いている。積立方式であれば残っているはずの額が足りない。それはどこに消えたのだ！　という怒りに結びつき、「過去の世代への過剰サービス」や「官僚や外郭団体の運用ミスや浪費」という批判につながる（第二章で検証）。

しかし、こんな単純な勘違いだけでは、さすがに年金破綻論も長続きしない。年金破綻論は年を追って専門的に進化してもいる（知識補給3）。

†賦課方式ならば、国と制度がある限り続く

進化した年金破綻論の一つに、「賦課方式をずっと続けた場合、将来的にこの制度は安全なのかどうか」を高等数学で解こうとするものがある。年金批判の二の矢である。

A　将来払い続ける年金支給額の総額

B　将来入ってくる年金拠出額の総額

知識補給3　公的年金批判論者の系譜

1981年　高山憲之（一橋大学）

「厚生年金における世代間の再分配」『季刊現代経済』（第43号）

……世代間所得移転の問題として、1980年に厚生年金受給者となった人たちの給付額に占める保険料の比率は13%、同様に78年に国民年金受給者となった人たちのそれが2.6%しかないことを明らかにした。

1998年　小塩隆士（立命館大学）

『年金民営化への構想』（日本経済新聞社）

……積立方式への移行を訴える。

1999年　八田達夫（大阪大学）小口登良（専修大学）

『年金改革論　積立方式へ移行せよ』（日本経済新聞社）

……日経・経済図書文化賞を受賞。

2004年　金子勝（慶應義塾大学）

『粉飾国家』（講談社現代新書）

……480兆円もの未積立金をごまかすのが年金改革の本質だと喝破。

2004年　榊原英資（元大蔵官僚）

『年金が消える』（中央公論新社）

……積立金の不良債権比率が40%近いと主張。

2007年　木村剛（元日銀）

『僕らの年金脱退宣言』（ナレッジフォア）

……年金は破綻状態。未納、未加入を推奨。

2009年　鈴木亘（学習院大学）

『だまされないための年金・医療・介護入門』（東洋経済新報社）

……破綻論と世代間不公平論を組み合わせ、積立方式への移行を熱心に説く。

2017年　野口悠紀雄（早稲田大学顧問）

『日本経済入門』（講談社現代新書）

……20年にわたり世代間格差を訴え、世代間戦争と表現。

図表4 「年金は債務超過」の過誤

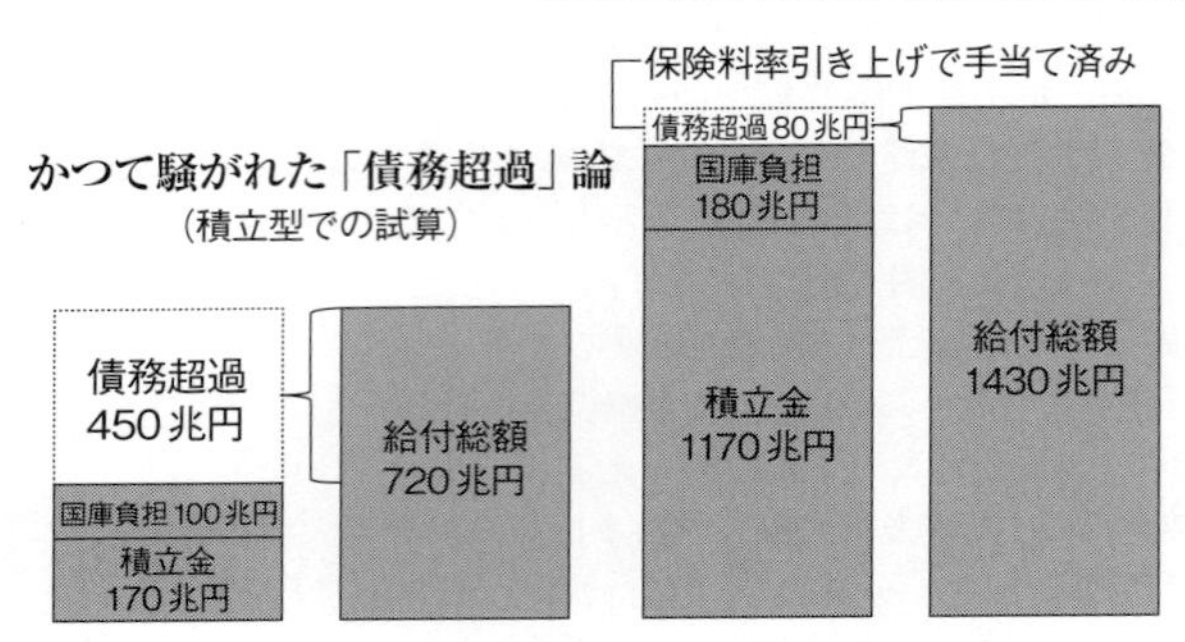

高山憲之『信頼と安心の年金改革』および週刊東洋経済 2009.10.31号特集をもとに作成

このAとBを比較して、バランスできているかどうか検証作業を行う。将来の支給額と拠出額の両方とも、それを現在の価値に置き換えて集計していくと、計算式上は、わずかながら、Aの支給額が過剰になる。とはいえ、かつて騒がれた「積立不足」とは桁が違うレベルの不足なのだが……（図表4）。

このタイプの年金破綻論では、AマイナスBの計算を根拠として「破綻する」と強弁するか、もしくはややトーンを落として「健全ではない」と腐す。ちなみに、このわずかな債務超過分も、二〇一八年までの保険料率の改定により、今では解消されている。

高等数学など使わなくても、賦課方式の仕組みをよく理解していれば、将来まで含めた収支構造は簡単にわかる。それは、無限の自転車操業による資金捻出の仕組みといえよう。

賦課方式だと、何が起こるか。シンプルに少子高齢化ではない仮定で概観しよう。

制度開始時にすでに高齢だった人、もしくは社会に出て長期間が過ぎている人は、現役時代に年金を十分に拠出していない。にもかかわらず、年金をもらえる。だから、こうした世代は、必ず得をする。

それ以降の世代は、無限の自転車操業なので、支払いと受け取りがバランスする。けれど、そうして何世代が経った後に、たとえば天変地異や大戦争、疫病などにより、日本全体の人が死に絶えてしまった場合、最後の世代の人たちは、「年金を拠出したのに、もらえない」という状態が発生する。

つまり、第一走者が得をして、最終ランナーは損をするという構造なのだが、その間の世代に入る人たちは損も得もなくイーブンで終わる。

未来の最終ランナーは、SFの世界でもないと見えて来ない。一方、制度開始からまだ六〇年足らずのため、昔の第一走者ははっきりと視野に入る。第一走者と比べれば、現在の現役世代は、損だ。だから「第一走者が得をする」という世代間格差の部分ばかりが目

図表5　賦課方式では、最初の世代が得、最後の世代が損

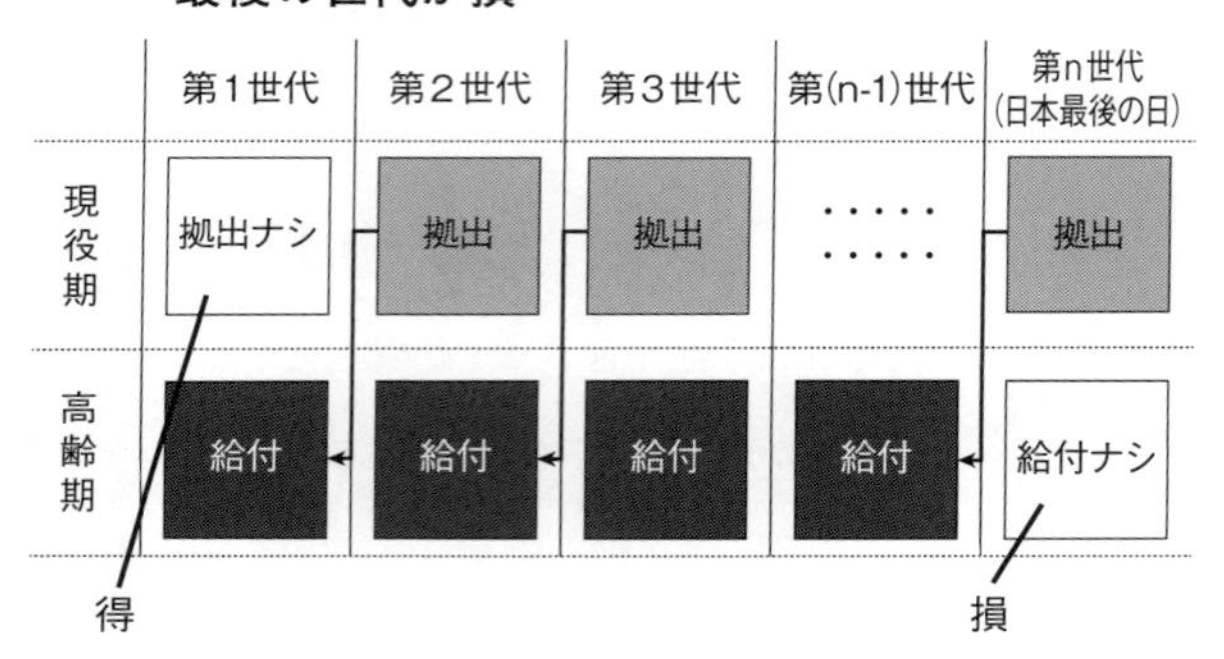

につき、制度欠陥のように感じられて、批判が集まる(図表5)。

なお、かつての第一走者たちは、まだ年金制度がなかった時代に、親世代の生活費を私的に負担してきたことも忘れてはならない。

そこまで考えれば、トータルな高齢者扶養への負担は大差ないはずだ。

3 二〇〇四年改革は少子高齢化をしのぐために行われた

†人口減イコール負担増ではない

続いて、「少子化による現役世代の負担増」について考えることにしよう（前述の通り「高齢化」に関しては積立方式の方がより大きな問題となるので、ここでは俎上に載せない）。

少子化こそ、賦課方式最大のウィークポイントであるけれど、実は、この話にも誤解がある。人口減少社会だと、現役世代の年金負担が増え続ける、というのは正確な意味では正しくないのだ。ここを詳しく書いておく。

社会が人口を保とうとするためには、出生率（一人の女性が生涯に産む子供の数）が、二以上なければならない（知識補給4）。これは、親世代は妻と夫の二人なので、彼らが死んでも、それと同じ人口を維持するためには、子世代も二人いなければならない、ということで説明可能だろう。

すなわち出生率が二を下回ると人口は減少する。しかし、その状態だと必ずしも現役世

知識補給4　人口が維持できる出生率

若年時に早逝するケースもあるため、そうしたマイナス分を考えると、人口を維持するための出生率は2.08程度といわれている。

代の負担が増え続けるわけではない。

出生率が二を割ったままでもその低下が止まり、数字が安定すれば、そこから先（正確には安定して一世代たったあと）は、負担も一定に落ち着くのだ。以下のように、単純化して年間出生数が減り続けたとする。

・第一世代　一〇〇万人
・第二世代　八〇万人
・第三世代　七〇万人

この例は、歯止めが効かない少子化といえるが、ただ、世代間の人口比を考えてみよう。当初、第二世代は八〇万人で第一世代一〇〇万人を支えなければならない。これは一人で一・二五人を扶養しているということだ。次の時代は、第三世代七〇万人が第二世代八〇万人を支えることになる。この時代は、一人で一・一四人の扶養となる。人口減少は進行しているが、負担は軽くなっているのがわかるだろう。

そう、年金財政を考える場合、人口減よりも、世代間比率が問題となるのだ。それはすなわち、出生率の低下が下げ止まれば、長期的には負

図表6　出生率と現役世代の年金負担の関係

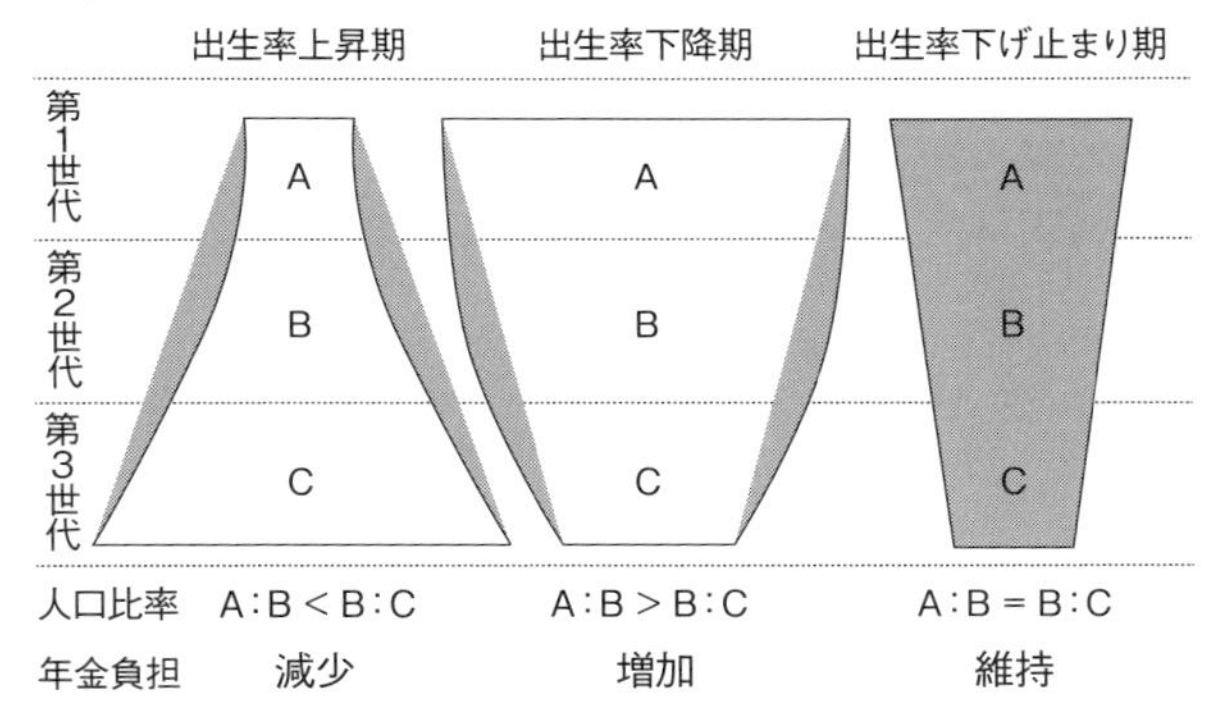

担も軽減するということをさす（図表6）。

〝一〇〇年安心〟という誤解ワード

さて、現実はどうだろう。日本の出生率は、二〇〇六年にすでに底打ちし、上昇に転じている。それも二〇〇四年の年金改革時（いわゆる「一〇〇年安心プラン」。知識補給5）に想定したペースよりも高い数字で推移している。

当時は今後の出生率について、回復が緩い「低位推計」、逆にハイペースな「高位推計」、その真ん中の「中位推計」と三つの予想値を用意した。年金制度設計については、三つのうちの「中位推計」に基づいている。

その後の出生率の推移は、なんと、高位推計をも上回っている（図表7）。このペースが維持できれ

知識補給5　100年安心プランとは何か？

2004年の年金改革は、今後100年間を想定し、年金支払いと拠出、そして積立金の取り崩しが均衡していくモデルを描いた。想定数値が実際と異なった場合、5年ごとの見なしを行うことも盛り込んでいる。そのため「100年間これで大丈夫」と政府は公文書でまったく謳ってはいない。「年金制度は100年安心なのかとお尋ねがございました。政府といたしましては、100年安心と謳ったことはありません」（2009年3月31日衆院本会議での舛添厚労相／当時の答弁）

では、どうして広まったか。この100年安心は、2003年11月の総選挙で、当時厚労相を出していた公明党の選挙運動の中で使われたことがその出自となっている。にもかかわらず、年金関連のキーパーソンはこの言葉を今でも制度批判の好ツールとして以下のように使っている。「04年改正で100年安心をうたってから、たかだか10年での法改正は、それがウソであったと自ら認めることにもなる」（西沢和彦「週刊ダイヤモンド」2014年12/27・2015年1/3合併号）

ば、将来的に、現役世代の負担が減る可能性さえ見えてきている。

ここまでわかると、現役世代の負担が今後もどんどん重くなる、という不安は薄れるのではないか。賦課方式の唯一のネックと騒がれた少子化も、もう胸突き八丁を越えたあたりにいるということだ。

ここまでを簡単にまとめておこう。

①出生率が上昇基調に反転し、現役世代の負担は長期的には安定し、好転する可能性が高い

②かつての急増・急減期の調整を積立金の取り崩しで乗り切れば、

図表7　出生率の推移と当初の想定

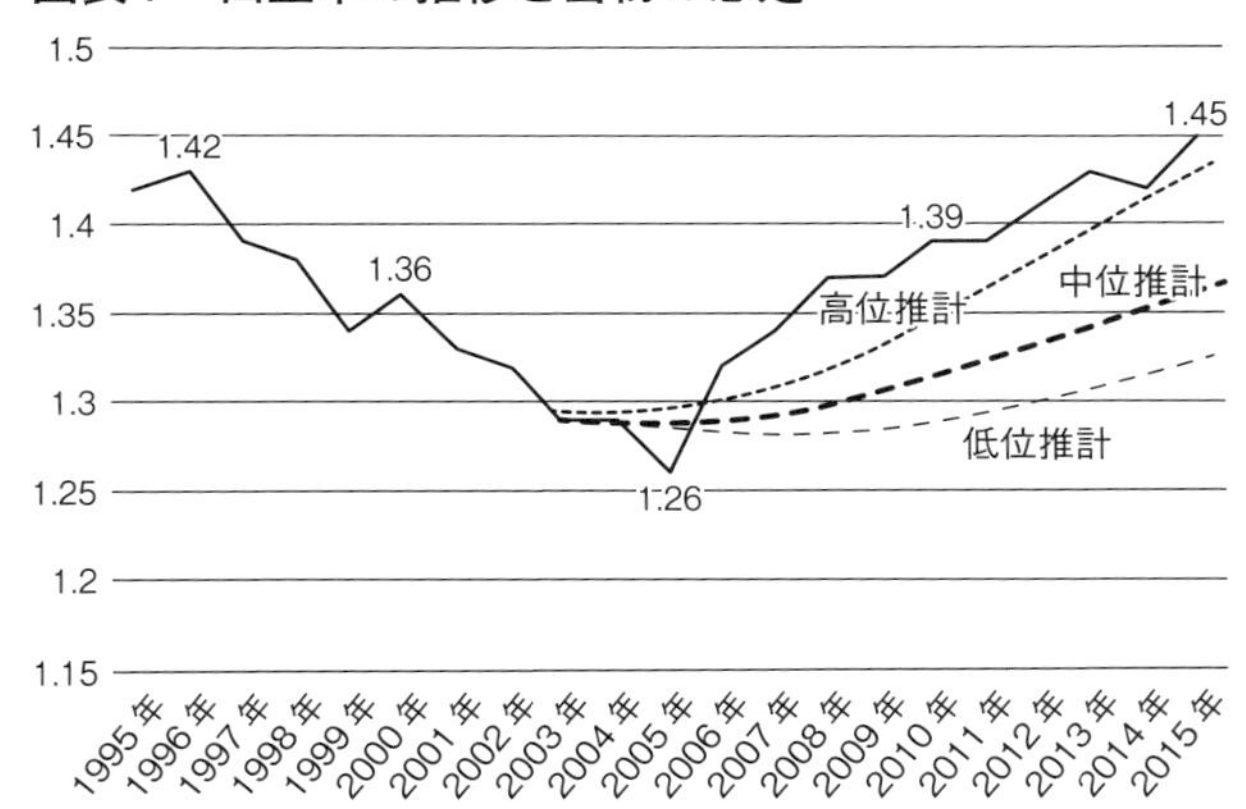

（厚労省、人口動態調査）

その後、年金財政は再び安定期に入る

　この二つの観点から考えられた長期的な施策が、二〇〇四年の年金改革、俗にいう「一〇〇年安心プラン」だったのだ。

†マクロ経済スライド方式は、コペルニクス的転回

　二〇〇四年の年金制度改革では驚くべき転換を一度にやっている。

①現役世代の負担増
②高齢世代の給付減

　まず、この誰もが反対する二大事を盛り込んでいる。そして、

③高齢化・少子化の激変が止んで現役・高齢世代が一定比率でバランスされるまでの間、影響を緩和するために、積立金を計画的に費

知識補給6　有限均衡方式

本来、賦課方式であれば必要のないほど規模の大きい積立金を日本の年金制度は有している。これを、少子化が安定するまでの激変緩和策として、徐々に取り崩していき、残額1年分となった2100年の時点で均衡させる、というプラン。すでに書いた通り、出生率が安定すれば、あとは過去世代の死去に伴い、年金財政は安定する。2005年に出生率は大底となっているため、それから95年を経た2100年に均衡という想定は十分合理的と考えられる。その時点で1年分の積立残があることも、数か月程度の他の先進国に比べれば十分すぎるといえるだろう。

消する（知識補給6）

④高齢世代の給付減削減も、所得代替率（知識補給7、図表8）五〇％を下限の目途とする

⑤負担増については、二〇一八年度まで年金拠出の料率をアップさせるが、それを上限として固定化する

と、給付減・負担増それぞれに、しっかりキャップを設定している。特に注目したいのは、⑤の「拠出の固定化」だ。これこそ、年金制度におけるコペルニクス的転回といえる。

従来は、「高齢者が必要とする給付額」がまずありきで、その額により「現役世代の負担額」を決めていた。要は高齢者「主」、現役世代「従」の関係だ。これを、「給付建て」という。

対して、二〇〇四年改革では、「現役世代が拠出する額」ありきで、それをベースに「高齢者への給付

知識補給 7　所得代替率

所得代替率に関して勘違いをしている人が多い。たとえば、サラリーマン時代の平均年収が700万円であった人は、所得代替率が60%なら年金額は年420万円だと考えがちだが、実際は大きく異なる。まず、所得代替率は標準月額報酬ベースで計算するため、賞与や一時金を除いた年収をベースとする。さらに、税金や社会保険料分も除き、可処分所得を標準月収とする。つまり、手取り月給に近い金額だ。

年収700万円の内訳が、賞与150万円、税保険で50万円とすると、残りは500万円。その60%だから300万円が年金額であるが、これは「世帯での年金額」で、モデル上は、専業主婦の配偶者の3号保険（年額約79万円）を含んだ金額となる。つまり本人受け取り分は、220万円強となる（図表8）。実質は、総年収の3割程度、である。

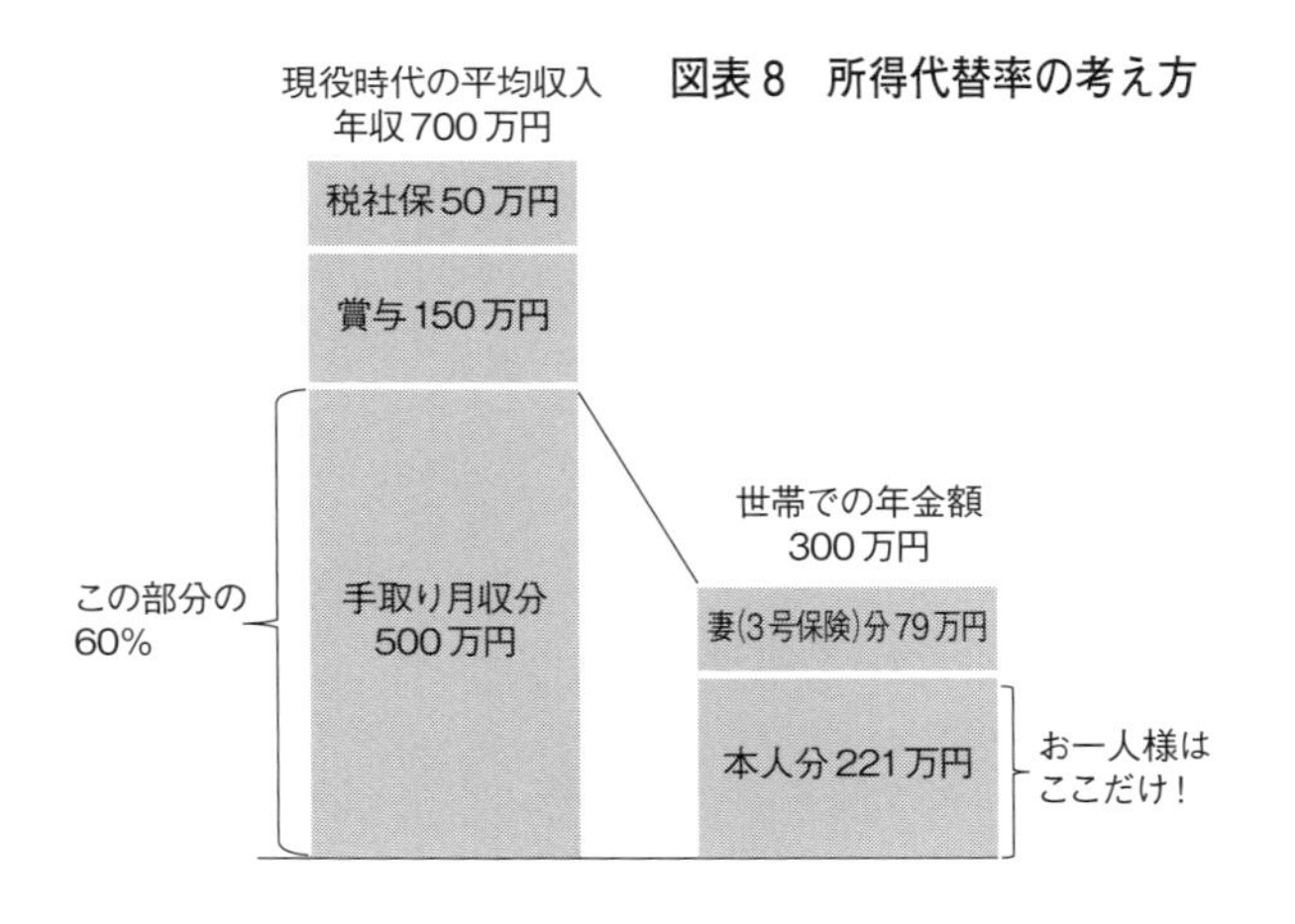

図表8　所得代替率の考え方

図表9　マクロ経済スライドとは

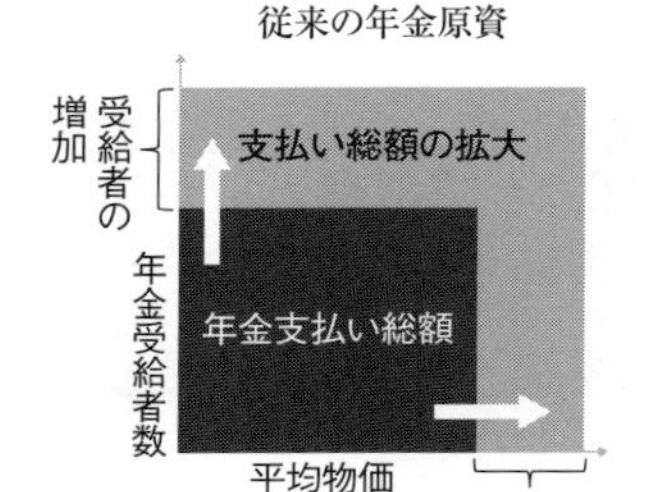

物価下降時にも、年金減額をしない規定

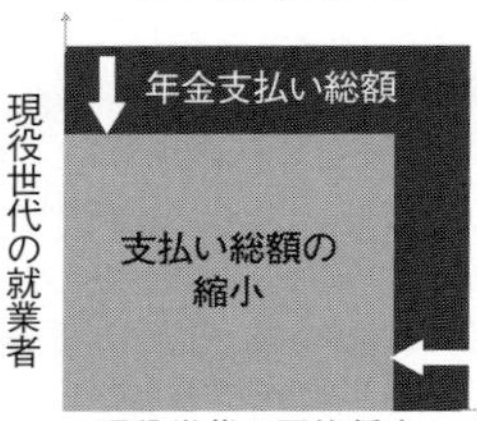

原資を、年金受給者の数で割ると一人当たり年金額になる。年金受給者が増えれば、一人当たり年金額は自動的に減少する。こうして、現役世代の減少、高齢世代の増加が調整される。

額」を決める。つまり現役世代「主」、高齢者「従」の関係＝「拠出建て」に制度を抜本変更したのだ。そのための、高齢者への支給額調整として取り入れられたのが、「マクロ経済スライド方式」（図表9）となる。

負担増や支給減が関わる政策には、なべて政府は及び腰となる。それをここまで徹底的にひとまとめで実施した。あとは、この時の推計値と実際の出生率・積立金の運用成果・賃金の上昇率などに問題がないか、五年ごとに振り返り調整すること（年金財政の検証）でこと足りる……はずだった。

ところが、その直後から民主党が政権をとる二〇〇九年までの間、年金行政には悪夢のような逆風が吹き荒れる。

†二〇〇四年モデルへの批判こそ、すべて外れた

この間の年金批判には、当初、「積立不足」「年金財政破綻」など質の低いものが多々見られた。そこから「グリーンピア売却疑惑」や「消えた年金」「貧困・世代間格差論争」なども重なり、次第に、二〇〇四年改革は悪の象徴のように見なされていく。

そして、「基礎年金の全額を税金でまかなう税方式」や「積立方式」への転換などが盛んに喧伝される中、二〇〇九年の総選挙が実施され、年金問題を熱心にリードした民主党が政権を獲得する。

当時の年金批判には、年金の専門家がデータで二〇〇四年モデルを数字的に批判したものもあった。鈴木亘氏の『年金は本当にもらえるのか?』(ちくま新書)に見られる試算がそれだ。鈴木氏は、二〇〇四年モデル作成時に政府が想定した前提が甘すぎることを問題視した。一つは、出生率のボトムを一・三九としていたが、これは二〇〇五年には一・二六まで下がっている。また、積立金の運用利回りを年率三・二%、としていたが、こちらも二〇〇八年には単年でマイナスまで下がっている。

より現実的な鈴木氏の想定値、運用利回り二・一%、物価上昇率一%、賃金上昇率一・

五％で再計算すると、厚生年金の積立金は二〇五五年、国民年金のそれは二〇六〇年に枯渇する。だから、このモデルは破綻している、と説いたのだ。さらに二〇〇九年に行われた「五年ごとの財政検証」で政府が振り返った数値は、都合のいいように情報を操作していると指摘している。二〇〇八年の想定利回り割れをカバーするために、今後の利回りを四・一％と高い数値に置き換えたことをやり玉にあげたのだった。

正鵠を射るように見えるこの指摘に対して、じっくり検証してみることにしよう。

†基礎を理解しない批判

この破綻論を盛り込んだ氏の著作『年金は本当にもらえるのか？』が上梓された二〇一〇年時点で入手できる〇八年データでは、出生率は一・三六七まで回復を見せていた。氏もそのことは認めたうえで、これは第二次ベビーブーム世代の女性が、三〇代後半となり、駆け込み出産をしたための一時的回復（氏の言葉では「統計のマジック」）と断じている。

ところが、現実は鈴木氏の予想とは異なった。図表7で見た通りに、出生率はその後も上がり続けている。

二つ目に、高齢化の進展状況だ。こちらは二〇〇四年時点の将来推計では、六五歳時の余命が、五年で〇・四歳伸び続ける想定となっている。だが、二〇一五年までの実統計を見ると、ペースはすでに五年で〇・四歳まで下がっており、今後はさらに数字を落とすと見るのが妥当と思われる。

そして、運用利回り（厚生・国民年金は二〇〇六年に機構の変更があったため、ここでは企業年金連合会数値）だが、鈴木氏の「想定数値が高すぎる」という指摘にも年金数理に詳しいプロからは、やはり疑問の声が漏れる。

年金制度の今後について、試算をする時に重要なのは、運用利回りと現役世代の給与の上昇率の差（スプレッドという）だからだ。給与が上がれば、所得代替率のバーも上がる。停滞していれば、所得代替率のバーは下がる。そこで、運用利回りと給与の上昇率を両睨みして、そのギャップが一定以上に保てるか、ということが重要になり、厚生省の年金計算ではこの点を重視している。

二〇〇四年の政府試算では両者の差を一・六%、二〇〇九年のそれでも一・六%としており、その間、実際のそれは二〇〇八年の鈴木氏著書出版時でも一・五%ほどあった。この部分では厚労省試算は「粉飾決算」（同書より）とは言えない。

年金試算に用いるデータは、時々刻々上下しているものばかりだ。当然、単年度のデータだけに注目すれば、想定値を大きく下回るものも出る。ただ、その最悪値で長期的な将来を推計することこそが、本当の無茶だ。一世を風靡した鈴木氏の年金破綻論は、一番悪い時に吹いた北風をことさらに強調した理論だったと振り返れるだろう。何より、年金の専門家でありながら、運用利回りと賃金の上昇率のスプレッドではなく、名目値をあげつらって破綻論を説いたのは、致命的だった。こうした、もっともらしい嘘に、マスコミや政党がとびついたのが、年金の不幸と言える（知識補給8）。

†旧民主党の暴論

この頃、政治の世界でも、鉄面皮なほどに〝北風〟を煽りまくったのが、政権奪取目前だった二〇〇九年の旧民主党だ。

その年の五月には、毎日新聞をはじめ、読売新聞、日経新聞などにショッキングな記事が掲載された。その見出しは、「経済前提過去一〇年平均で、年金制度は破綻する」というもの。記事によると、年金の財政検証結果が甘いと、当時の民主党議員、山井和則氏から注文がつき、経済前提を過去一〇年の平均値に置き換えて再提出させたところ、「二〇三一年に厚生年金の積立金は枯渇する可能性がある。一〇〇年安心どころか、あと二五年

知識補給8 鈴木亘流の「二重の負担解消案」への違和感

積立方式の最大の問題は、「制度開始時点ですでに高齢者となっている人は積み立てをしていない。だから年金がもらえない」ことと既に指摘した。それを解消するためには、高齢者用に賦課方式の保険料を払いながら、しかも、自分の将来用に積立方式の保険料も払う、という二重の負担が必要となる。これはとても無理なので、積立方式は成り立たない。

この根源的な問題に対しても、鈴木氏は果敢に解消策を唱えている。『だまされないための年金・医療・介護入門』（東洋経済新報社）で氏が披露した二重の負担解消策は以下の通りだ。

・基礎年金を全額税方式に（保険料率的には6%の負担軽減となるはずだが、下記の通り保険料率は下がるどころか2%上がる）
・一方、年金料率は20.2%まで上げる（現行よりも2%上昇。基礎年金が税負担となることではなく、6%と合わせると都合8%分が積み立て不足解消に回される、と読める）
・基礎年金分の原資として消費税を3.3%引き上げる。
・年金受給レベルは現行を維持。

これで積立方式に移行できる、とのことだが、よく考えてみよう。

上記は、①（年金保険料の2%アップ）+②（消費税の3.3%アップ）という高負担になるのに、年金受給額はまったく改善しない。つまりは単なる料率にして5.3%ぶんの「二重の負担」にしかならない。第二章でも触れるが、基礎年金税方式という言葉はその語感かバラ色のイメージが漂い、物事の本質を見えにくくする悪弊があるといえそうだ。

ももたない！」という結果になったという。

ただし、厚労省は同時に多様な試算をしており、上記結果は、その中のあくまでも超最悪に属する一試算でしかない。ところが「一〇年平均値」ということで、なんとなくそれが一番「正論」に近く感じてしまう。そこがミソなのだ。

一〇年平均値といっても、大不況直後のそれは極端に下がる。企業年金連合会による基礎年金等の総合運用利回りの状況（図表10）を見れば、一〇年平均値がけっこう上下動するのがわかるだろう。そして、この二〇〇九年というのは前年のリーマンショックの悪影響が抜けておらず、極端に一〇年平均値が落ちている時期だった。加えて「二〇三一年に積立金が枯渇する」という試算は、なんと日本の実質経済成長率が「マイナス一・二％」、名目賃金上昇率は「マイナス〇・七％」を前提としていたのだ。

それから一〇年たった現在から振り返ってみれば、利回り、経済成長率、賃金上昇率のいずれもここまで悪い結果がでたのは、二〇一一年の東日本大震災直後しかない。まったく当たっていないことがわかる。いやそれ以前に、そもそも「マイナス一・二％、マイナス〇・七％がこの先一〇〇年続く！」などという日本経済壊滅のような想定値を用いる山井議員の神経を正直疑ってしまいたくなるところだ。

図表 10　基礎年金等運用の利回り

基本年金等　（%）

年度	修正総合利回り			
	単年度	5 年平均	10 年平均	1996 年度以降平均
2008	▲ 18.34	0.16	1.00	1.81
2009	17.90	2.36	1.59	2.88
2010	▲ 0.52	▲ 1.85	2.11	2.65
2011	2.06	▲ 2.51	2.56	2.61
2012	15.43	2.44	5.38	3.32
2013	13.24	9.36	4.66	3.85
2014	13.97	8.63	5.45	4.36
2015	▲ 2.59	8.17	3.04	4.00
2016	5.96	8.98	3.08	4.09
2017	7.27	7.40	4.89	4.24

※「5 年平均」「10 年平均」利回りは、それぞれ当該年度から過去 5 年間、10 年間の幾何平均利回り。
※「1996 年度以降平均」利回りは、資産配分規制が撤廃された 1996 年度以降の幾何平均利回り。
企業年金連合会「2017 年度　年金資産運用状況」より

あろうことか山井氏は、政府試算の甘さを問うために、次々に厳しい試算を提出させる。「国民年金の納付率（猶予・免除を除く数値で一般的なものとは異なる）を六五％で」という試算では、「所得代替率が将来的に四九・二％となり、政府公約の五割を切る」と鬼の首をとったようなアピールをしている。とはいえ、そこまでやっても、その乖離はわずか〇・八ポイントに過ぎなかった。

こうした無理筋な破綻論に、

大新聞が悪ノリするさまが、今思えば滑稽でもあった。

「二〇〇八年の積立金運用損が九兆円を超えた」などと財政検証の甘さを次々にアピールする一方で、直近二〇〇九年第一四半期の運用益が四・五兆円出たことには触れない。出生率の回復が高位推計以上だということにも、一言も触れない。何が何でも年金破綻で世論を誘導し、政権交代を支援したい、という政治的意図が見え見えのお粗末報道だったといえよう。

渦中の社会保障審議会年金部会で、宮武剛氏（目白大学教授）が以下のように嘆いたのが、まさに正論といえよう。

「どこかの議員さんが試算しろとおっしゃっておられたようですけれども、賃金が全然上がらないままずっと五〇年、一〇〇年行くとか（中略）そんな試算がはたして何の役に立つのか。年金制度どころか経済も社会も破綻していく。『国破れて山河あり』はありうるけれども『国破れて年金制度あり』はありえない。そんなごく当たり前のことを考えていかなければいけない」

ちなみに、この経済前提では、もちろん、旧民主党の年金改革案もまったくうまくいかないことに変わりはなかった。

第二章

厚労省が悪い、では解決しない

年金制度についての批判を突き詰めると、その矛先は以下の三つに向かう。

①積立方式ではなく、賦課方式にしたこと
②過去の世代に甘い設計となっていたこと
③年金にかかわる政治家・官僚・団体が不正流用や運用ミスを犯したこと

どれもけっきょくは、「厚生労働省の年金行政が間違っていた」ということになる。実際のところはどうなのか。

①については前章で細かく検証した。この章では残りの②③について考えていく。

日本がたどった年金制度の道のりは果たして、本当に欺瞞と疑問だらけのものだったのか。当時の時代背景や統計データを振り返り、年金行政の当否について、明らかにしたい。

1　過去の制度設計は甘かったか

†歴史的苦闘の世代に、あめ玉代ほどの年金額

第一章のおさらいとなるが、国民年金は、一九六〇年に制度が始まった。その時点ですでに高齢だった人は、現役時代に保険料を支払っていない。ただ彼らは、震災や恐慌、大戦、ハイパーインフレと、まさに数々の辛い経験をした人たちだ。この世代の人たちに、「払ってないものは、あげられない」という冷たい仕打ちなどできないだろう。そこで彼らには、「老齢福祉年金」というものが支払われることになった。

また、当時五〇歳以上の人はその時点から拠出を始めても、年金支給までの加入期間は短い。そこでこの年代には、一〇年拠出すればもらえる「十年年金」と、五年拠出すれば

もらえる「五年年金」が用意された。さらに、三五歳以上の人も年金支払い条件である二五年加入に達しないため、彼らには保険料を割り増し支払いすることで年金をもらえるようにした。

これらを合わせて、「経過措置」という。これら経過措置をもって、年金は賦課方式で始められた。つまり、過去世代にも、それなりの負担をお願いする形で、最低限の「仁義」は切っている。

この時行われた経過措置の現実を見ていこう。

まず、制度スタート時に高齢だった人向けの老齢福祉年金の給付額は、一九六一年時点で、ひと月あたり一〇〇〇円（年に一万二〇〇〇円）だ。物価や賃金の上昇率見合いでその価値を今の金額に置き換えると、物価換算で月額五一五〇円、賃金見合いで一万四六一〇円となる。これは基礎的消費もままならない水準だろう。当時、この老齢福祉年金は「あめ玉年金」と揶揄された。孫にあめ玉を買ってやる程度の額、という意味だそうだ。

十年年金、五年年金については、対象の人たちが年金給付世代になっている一九七八年の支払額を示す。十年年金は、物価換算で月額二万六二六二円、賃金見合いで月二万八三六三円、五年年金は、物価換算で現在価値は月三万五八八八円、賃金見合いで月三万八七五九円。現在の満期支払した場合の基礎年金額（月額六万六〇〇〇円）の五八・七％で、こちらも基礎的消費に届いているとは言えない。

そこまで甘い措置と言えないのがわかるだろう。

加えて、それ以下の年齢層の人、当時二〇〜三五歳の人たちとて、あめ玉年金しかもらえない老親の面倒を見るという、一種の「二重の負担」になっていた。

どうだろう。世代間格差とか不公平という声もあるが、戦前世代の人たちも戦後すぐに生まれた人たちも、トータルに考えれば、決して得をしたとは言えない。

†国民年金「開始当初から六五歳支給」は誤算か打算か

次に過去の国民年金保険料は、現在に比べて不当に安かったか調べてみよう。一九六六年以降の保険料変化を二〇一五年度の価値に換算したのが図表11-Aだ。消費者物価換算と名目賃金換算の二通りで試算しているが、どちらで見ても、二〇一五年度の国民年金保険料（一万五五九〇円）と比べると、著しく安くスタートしたことがわかる。一九六六年当時は高齢者が少なく、若者は多い。そして、寿命は短い。この条件の下、賦課方式で運営する限り、保険料負担は小さくなる（知識補給9）。

保険料が安くなる理由はもう一つある。制度開始当時から国民年金の支払い開始年齢を六五歳としていたことだ。

対して厚生年金の支給は当時、男性六〇歳で女性五五歳から、公務員共済（以下「共

図表 11-A　（単位：円）

	当時保険料	消費者物価換算	名目賃金換算
～1966年12月	100	515	1,406
～1968年12月	200	704	1,552
～1970年6月	250	794	1,494
～1972年6月	450	1,280	2,240
～1973年12月	550	1,399	2,059
～1974年12月	900	1,860	2,181
～1976年3月	1,100	1,858	2,324
～1977年3月	1,400	2,189	2,419
～1978年3月	2,200	3,296	3,574
～1979年3月	2,730	3,947	4,191
～1980年3月	3,300	4,425	4,764
～1981年3月	3,770	4,824	5,159
～1982年3月	4,500	5,599	5,912
～1983年3月	5,220	6,380	6,677
～1984年3月	5,830	6,961	7,198
～1985年3月	6,220	7,284	7,469
～1986年3月	6,740	7,840	7,888
～1987年3月	7,100	8,259	8,153
～1988年3月	7,400	8,540	8,211
～1989年3月	7,700	8,693	8,198
～1990年3月	8,000	8,764	8,132
～1991年3月	8,400	8,910	8,257
～1992年3月	9,000	9,383	8,689
～1993年3月	9,700	9,982	9,306
～1994年3月	10,500	10,741	9,898
～1995年3月	11,100	11,366	10,274
～1996年3月	11,700	11,969	10,669
～1997年3月	12,300	12,351	10,998
～1998年3月	12,800	12,778	11,592
～1999年3月	13,300	13,316	12,213
～2000年3月	13,300	13,407	12,249
～2001年3月	13,300	13,512	12,336
～2002年3月	13,300	13,632	12,707
～2003年3月	13,300	13,673	12,720
～2004年3月	13,300	13,673	12,323
～2005年3月	13,300	13,714	12,720
～2006年3月	13,580	13,961	12,962
～2007年3月	13,860	14,249	13,362
～2008年3月	14,100	14,297	13,635
～2009年3月	14,410	14,814	14,411
～2010年3月	14,660	15,177	14,588
～2011年3月	15,100	15,679	15,071
～2012年3月	15,020	15,598	15,143
～2013年3月	14,980	15,492	15,072
～2014年3月	15,040	15,146	15,194
～2015年3月	15,250	15,235	15,344
～2016年3月	15,590	15,590	15,670

知識補給9　昔の保険料は安かったと言えない

安易な換算値で年金保険料を比較すべきではないという記事を載せているのが、『週刊東洋経済』2009年10月31日号だ。記事によれば、団塊の世代が働き始めた1971年、大卒男性の初任給は4.3万円だった。当時の厚生年金保険料率は6.4%と、確かに2006年より9%低い。しかし所得水準が低いため、食費等の基礎的な生活費の占める「固定費」の割合は昔のほうが高い。実際、71年のエンゲル係数は06年より10%も高い。こうした基礎的な生活費の重さを考えれば、表面上の保険料率は低くても負担の重さという意味では実は現在とあまり変わらない。後の世代は前の世代から、より充実した教育、住宅取得費支援、相続などを受けている傾向が強い。後の世代が享受する社会インフラ等も、主に前の世代の負担で整備されたものだ。世代間不公平論は、こうしたものをいっさい捨象している。

ちなみに、当時65歳以上の老親を同居して世話する世帯は44.4%に上った。06年ではその率は21.2%と半分以下になっている。つまり、「現世代は老親扶助も軽減されている」ことなども、同誌は指摘している。

済」）も五五歳から、と年齢設定が低かった。こうすれば給付世代が多くなり、その結果、現役世代が支払う年金保険料もある程度高い水準に設定できた。そして、その後高齢化の進展とともに支給開始年齢を後ろ倒しする措置がとられたので、厚生年金や共済に関しては、年金財政が比較的健全に維持できた。

対して、国民年金では当初より六五歳支給開始だった。そのため、後ろ倒しができない。そのうえ、当初、給付世代が少なくなり極端に安い年金拠出額と

図表 11-B　支払い保険料と現在価値

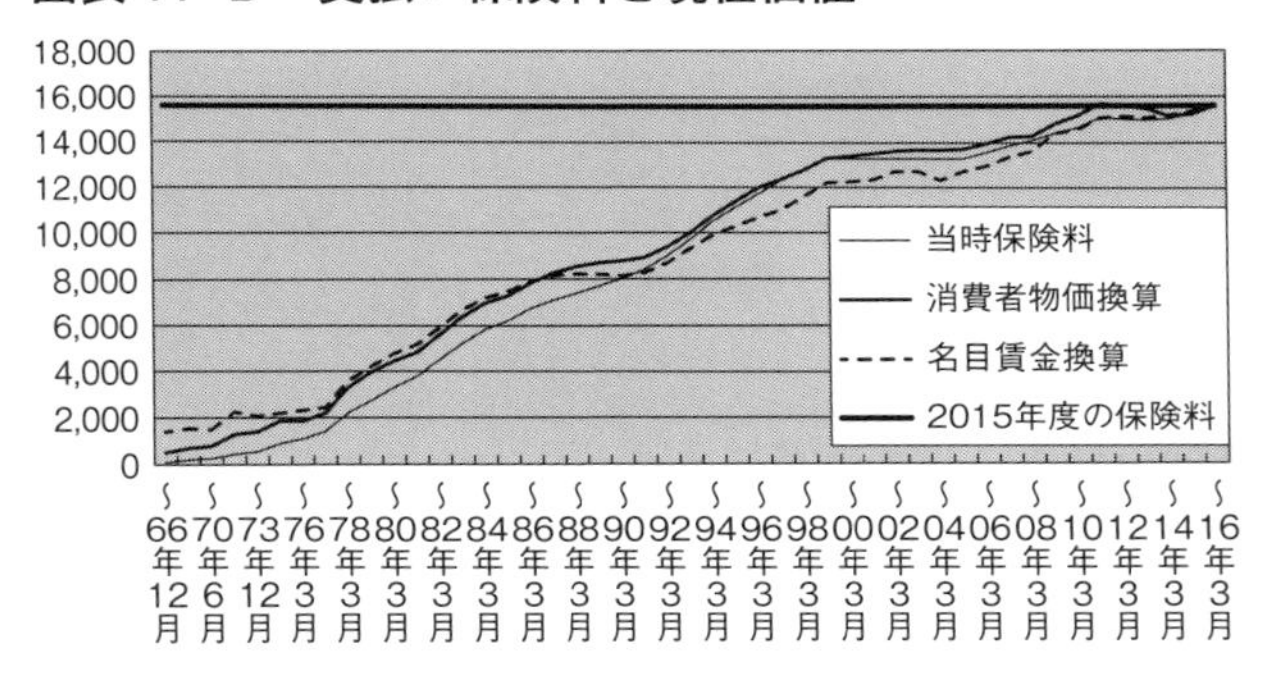

なってしまったのだ。

ただし、この措置についても正当な理由はある。まず、国民年金は自営業が主体となるために、加入者に定年がない。健康である限り、何歳までも働ける。だから支給開始を遅くすることに正当性があるのだ。一方、厚生年金や共済は、定年がある雇用者が加入するから、当時の定年に合わせた支払い開始が必要になる。

そして、厚生年金や共済は給料から強制的に天引きされるものであり、徴収が容易なのに対して、自営業者中心の国民年金は、加入者が自主的に支払うもので、強制的な徴収が難しい。だからこそ、安い保険料で加入率を上げることがまず求められた。そうして制度が浸透してから、スローペースで保険料を上げていくというスキームが必要だったといえるだろう（図表11-

B)。

†繰り返される保険料アップの真相

当時の「安く始めて徐々に上げる」状況を物語るコメントを、雑誌『現代』一九八二年四月号「年金が破綻する日」(山崎盛孝)から拾ってみよう。

「加入したのは昭和46年(中略)、2ヵ月一緒に払うようになっているんですが、掛け金は900円でしたよ。それが今では、9000円ですからねえ。十倍ですよ」「えッ、また保険料が上がるんですか」「安い保険料で豊かな老後を、なんてうまいこといっておいて、ペテンみたい」「保険料上げるとき、事前になんの通知もないのが許せないし」

どうだろう。低い保険料で加入者を募り、その後は少しずつ長期間かけて保険料を上げていった様が浮き彫りになる。

何もないところから国民年金制度を始めるには、方法はこれしかなかった。とりわけ当時の日本は、先進国の中では所得レベルも低く、入口のバーを下げることが制度浸透に不可欠だった。しかも日本の場合、制度導入が遅かったため、料率アップの階段を急傾斜にせざるを得なかった。結果、一九六九年～二〇一八年までの五〇年間で実に四七回の保険料アップが実施されることになる。

このスキームを「ペテン」というのは簡単だ。ただ、再度言う。必要悪としてこれしか方法はなかったのではないか。

†五〇年前から織り込み済み⁉

実は、年金財政に明るい識者やマスコミ人は当時からこのことを十二分に理解していた。「このままでは年金はもたない」と、高負担に向けて、正当な声を上げている。いくつか見ていこう。

「現在の制度が続いたとき、将来の掛け金と受け取り額のバランスは（中略）男子の場合は掛け金が5・5倍に、女子の場合は6・7倍になって戻ってくる」「これはすなわち、今の掛け金が必要な費用の5分の1でしかないことを意味し、（中略）加入者が保険料負担しなければならない金額は、月1万5000円ということになる」「社会の要請として65歳定年制が定着するでしょうし（中略）支給開始年齢も65歳に引き上げるということが自然」「高福祉なら高負担、低福祉なら低負担が表面に出てくる」（『現代』一九八二年四月号）

「年金制度の発足の当初は、低い負担で高い給付もできる。高度成長期に、日本の年金制度は不相応な背伸びをした。もし今のままの年金が続けば、年金生活者が勤労生活者より豊かになるが、それはありえないこと（中略）10年後には、このことがはっきりしてくるだろう」（村上清「年金崩壊の日が必ずやってくる！」『文藝春秋ビジネスマン1991年』一九八一年一二月臨時増刊号）

ちなみに「『国民年金』、198X年　崩壊の戦慄――」（『宝石』一九七九年二月号）という記事には、国民年金の保険料が将来月八六〇〇円（一九七六年厚生省試算）という数字が出てくる。この資料作成時点の一九七六年からの賃金上昇率（八七・五％）を考えると、当時の八六〇〇円は平成二八年現在の一万六一二五円に相当する。対して平成二八年の実際の保険料は一万六二六〇円。ほぼ的中といえる。

当時の厚生省はここまでを見通してシナリオを描き、隠忍自重（いんにんじちょう）、面従腹背（めんじゅうふくはい）で政治やマスコミと対峙してきたのかもしれない。制度的には、五年に一度の財政検証の再計算に沿って保険料を上げる段階保険料方式をとるのであるが、そうして料率が固定される二〇一八年まで五〇年も苦難の道を歩いてきた。

ただ、社会は想定以上に少子化と高齢化が進み、結果、正常化へのハードルは高くなり続けた。そうした流れの中で、「うまいことばっかり言って」「いつまで上げるんだ」という不安と不満を多くの国民の心に植え付けてしまったことも確かだろう。これしか方法がなかったとはいえ、なんとも不幸な結末といえそうだ。

2 積立金の運用損では破綻しない

†巨額の積立金が失われたというが……

「年金は破綻する」論者の中には、その原因の一つとして、積立金を政府（外郭団体も含む）が不正に流用したことを挙げる人が少なからずいる。一例をあげれば、前出の鈴木亘氏の著書では、以下のように書かれている。

「その他の積立金の無駄遣いとしては、厚生労働省や旧社会保険庁の官僚たちが、天下り先の特殊法人や公益法人を通じて浪費した人件費やプロジェクト、旧社会保険庁自体が行った福利厚生費への流用、グリーンピアやサンピアといった巨大保養施設の建設費が挙げられます。
こうした大盤振る舞いと無駄遣いの結果、巨額の積立金が失われました」(『年金は本当にもらえるのか?』)
鈴木氏のいう無駄遣いは、厚労省より以下のように発表されている。
①職員宿舎の整備費用、②社会保険庁長官の交際費、③社会保険庁の公用車購入費、④社会保険庁職員の福利厚生にかかる費用(社会保険大学校のゴルフ道具、社会保険事務所のマッサージ機器、職員のミュージカル鑑賞やプロ野球観戦の福利厚生経費など)、⑤社会保険事務局の家賃、⑥年金福祉施設等の運営費。これら支出の規模や年金財政に与えた影響について、以下、考えていくことにしよう。

†問題は規律の乱れ

まず、民間の保険会社でも、保険料をさまざまな支出に充当している。営業マージンや広告費などの拡販に不可欠な支出のみならず、社員の福利厚生や交際接待などへも当然、充てられる。こうした費用を「付加保険料」と呼ぶが、その額はバカにならないほどのコストとなる。

営業マージンや広告費が比較的少なくてすむネット保険会社のライフネット生命でも、集めた保険料のうち三六%をこうした付加保険料に使わざるを得ないようである(ダイヤモンドオンライン二〇〇八年一二月八日)。それを考えると、公的機関でも度を越した額でない限り、保険料からの諸支出を責めるべきではない。

ただ、綱紀粛正という意味で、政府は以下のような対応を決めた。

①宿舎費は、保険料ではなく国庫負担としたうえで、当面の整備費用は凍結
②交際接待は、職務関連性を精査の上、使用
③公用車は、買い替え数を計画比四割削減(一〇五台から六三台へ)
④ゴルフ練習場は廃止、マッサージ器は購入取りやめ、ミュージカルやプロ野球観戦などの娯楽は禁止
⑤事務所家賃は再交渉のうえ、一〇・五%削減(約五億円捻出)
⑥施設については、今後、運営には保険料を投入せず、五年以内に廃止、その後売却

確かに、国民が支払った保険料が、こんな形で闇に消えたこと自体は問題かもしれない。が、それが果たして「年金財政を破綻」させるほどの額なのかを次に調べることにする。

①〜⑤の中で比較的大きな支出である③の公用車にしても、計画通り一〇五台全部を買

い替えていた場合、支出は三億円（新規購入と下取りの差額を一台三〇〇万円として）程度だろう。⑤の家賃過払いにしても、発表された減額分から割り返した家賃総額は五〇億円弱。金額としては大きいが、これらのベースになる積立金は一五〇兆円規模だ。これで年金が破綻するというのはまったくのお門違いだ。

とすると、①〜⑤までについての問題は、あくまでも「規律の乱れ」であり、財務悪化の決定打とはいえない。

†グリーンピア損失三〇〇〇億円超の内訳

大きな損失を招いたのは、⑥の年金福祉施設等の運営費、それと年金積立金を原資とした財形住宅ローンなどの「貸付事業」の二つとなる（図表12）。これらは不正流用とまでは言えないだろう。いずれも「高齢者向けのサービスばかりではなく、年金を積み立てている現役世代に対しても利益還元をすべき」という政策意図から運営されたものだからだ。中でも日本全国一三か所につくられた総合レジャー施設「グリーンピア」の問題は、その額の大きさから記憶に残っている人も多いだろう。

この施設は合計で、三〇〇〇億から四〇〇〇億円の損失だと報道された。その金額は以下のような計算により算出されている。

①一八九三億円かけてつくった施設が、たったの四八億円で売却された。都合一八〇〇億円以上の損失

これは、六四八億円かけてつくり、それに一一二九億円の利子が乗っかり、さらに、維持管理費として一一六億円がかさんだ結果、一八九三億円という数字となる。

②一二四六億円の交付金が支払われた

単純に①と②を合わせると、確かにこれだけで三〇〇〇億円を超える。ただし、この交付金一二四六億円は、①の利払いと維持管理費に充てられたものであり、新たに追加で発生したわけではないから、①と②を加算するのはおかしい。

③四八〇億円の減価償却が未計上

会計に詳しくない人はこの数字も損失に加えてしまいがちだ。そうすると①②③の合計で三五〇〇億円以上の損失と見えてしまう。だが、これも間違っている。

減価償却に四八〇億円を計上すると、建物自体の簿価が下がるので、その分、①の売却損が四八〇億円減る。だからトータルでは、損失額は増えない。

（交付金の投入状況／S36～H8 累計）＝年金特会の負担

利息収支差等補てん額＝5617 億円

多額の繰上償還の発生
H6 6859 億円
H7 1 兆 8610 億円
H8 1 兆 369 億円

長期・固定による金利リスクを
一方的に引き受ける構造

利息収支差が拡大
H6 ▲132 億円
H7 ▲297 億円
H8 ▲537 億円

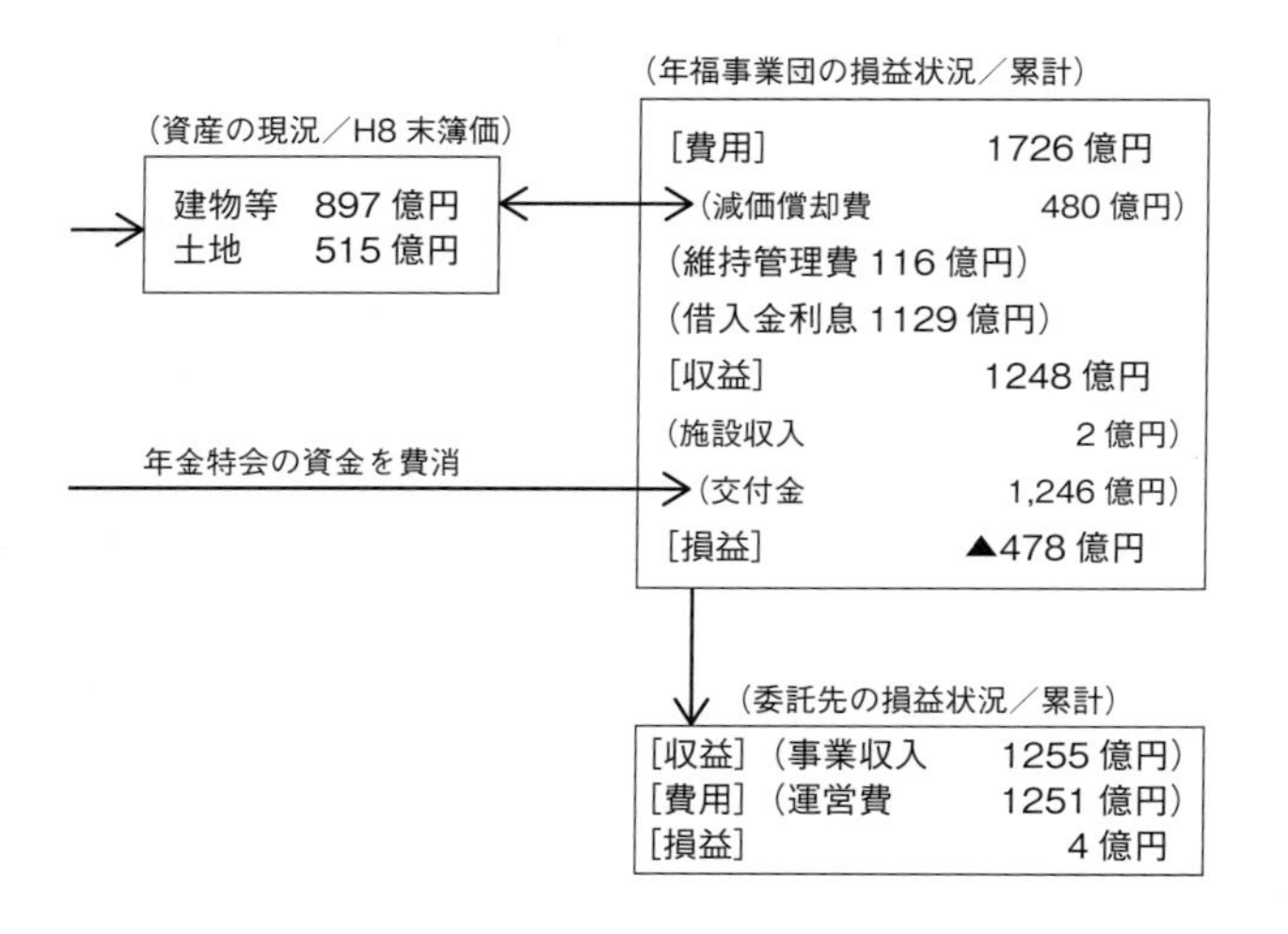

図表12　年金福祉事業団の事業内容の分析と評価

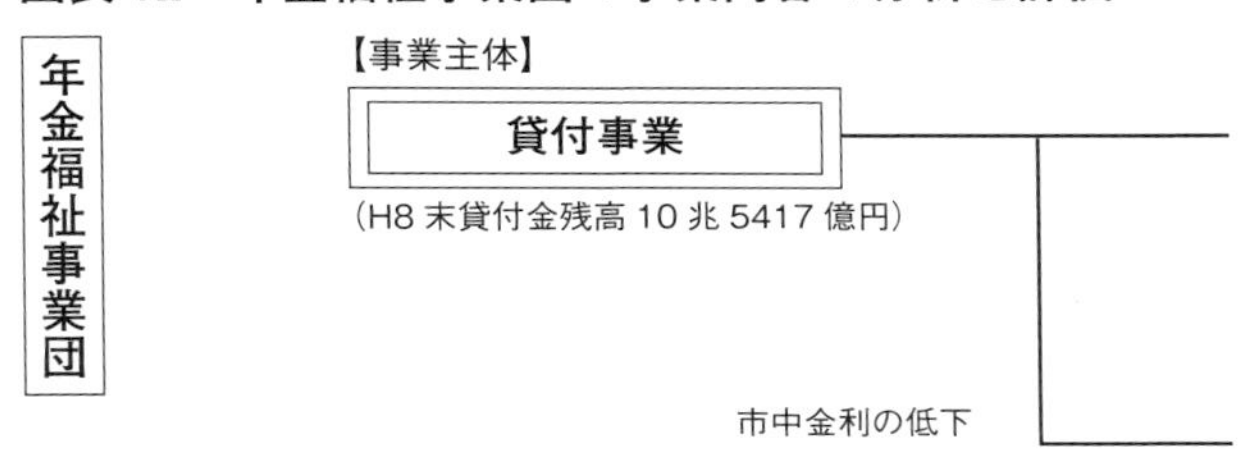

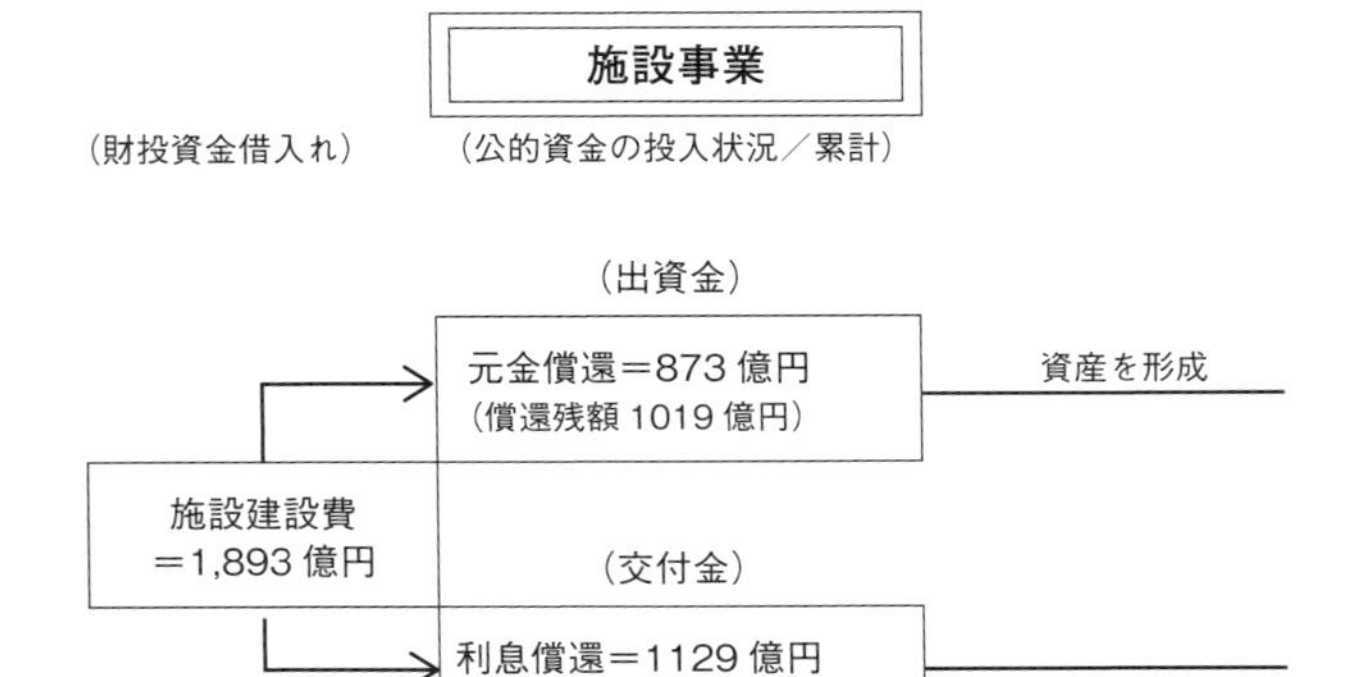

年金福祉事業団の財務調査結果報告（2000年7月総務庁）より作成

†実損失は報道額の四分の一以下

読み間違いが多重に入り込んだこうした試算が、損失額三〇〇〇億から四〇〇〇億円という数字なのだ。

ちなみに、レジャー施設の運営自体は四億円のプラスという発表を政府はしている。といっても会社経営で考えれば、①の「職員宿舎の維持管理費」も、③の「減価償却費」も、運営収益内でまかなうべきなので、そういう意味で収支を作り直すと、

・設備関連

簿価一六八億円（元値六四八億円、減価償却四八〇億円）

売値四八億円

売却の差額　一二〇億円の損失

・資金繰り（財務損益）

一一五三億円の損失（利払い）

・事業運営面（営業損益）

四億円の黒字

四八〇億円の減価償却
一一六億円の設備維持管理費
五九二億円の損失
これらの損失のトータルでマイナス一八六五億円となり、言われている損失額の半分程度にまで数字は小さくなる。しかも、この中で一番大きいのは金利負担で一一五三億円の損失だが、これは実際には損失とはなっていない（この件は後で細かく触れる）。それを除くと、損失額は七一二億円となる。

この金額でも決して小さな数字ではないが、ただ、その責は厚労省が負うべきことなのか。グリーンピアが建設される頃は、地元は大いに歓び、それは大いに報道され、地元誘致のために政治家は大いに動いていた。対して厚労省は、年金積立金のそうした使われ方に抵抗していたのだ。

しかし月日が経つと、多くを忘れた大衆から所管官庁の厚労省がやり玉にあげられる。それが世の常であると言われればそれまでだが、その世の中の動きに便乗するだけではなく扇動に加担までしている専門家は、やはり問題があると言わざるを得まい。

図表13　民間住宅ローン（変動金利）と財形年金（固定金利）の金利差

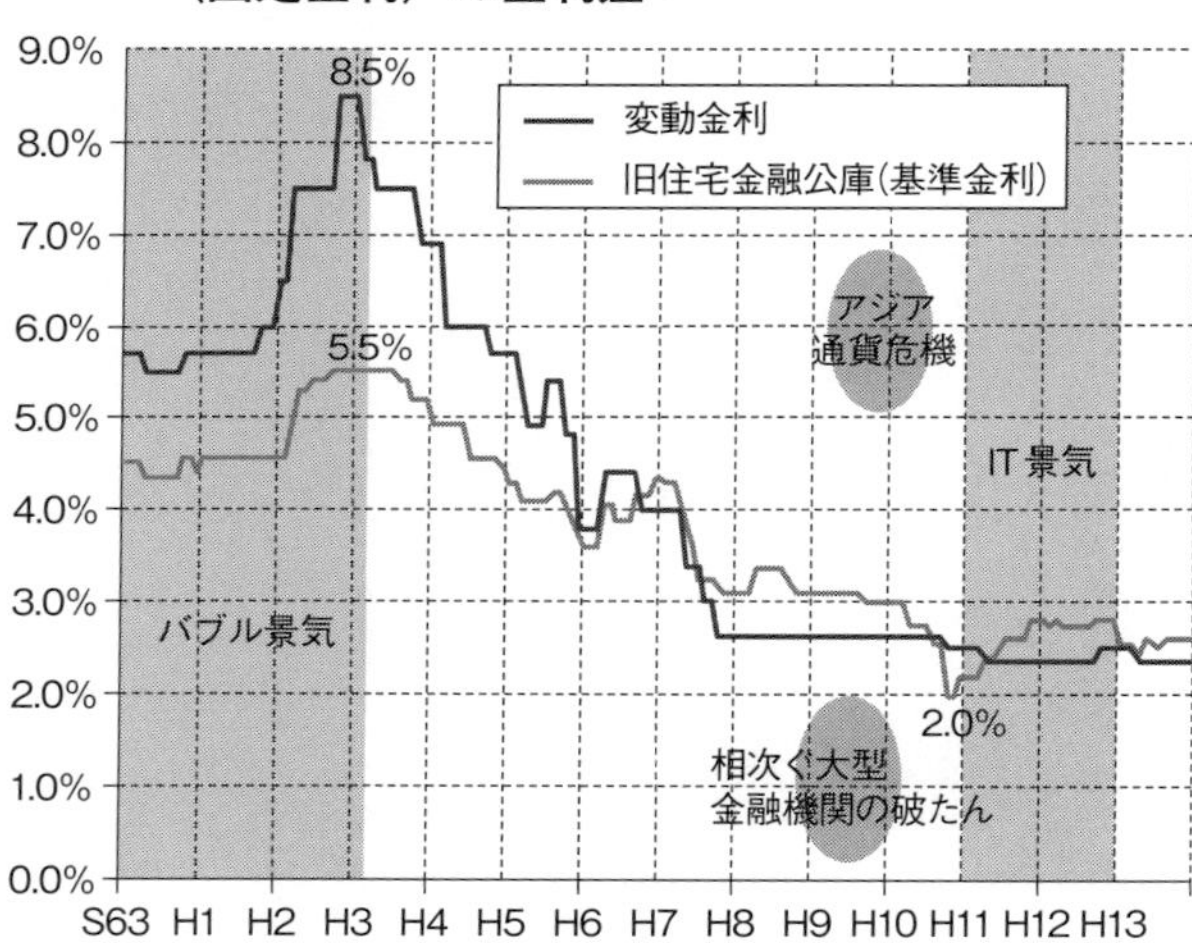

†支払い利子は巡り巡って年金基金に還元

続いて貸付事業を見てみよう。こちらは年金加入者に低利で住宅購入費や子供の教育費の融資を行った財形年金融資がそれにあたる。

当時の民間住宅ローンは、変動金利制が主流でバブル期にはその貸付レートが八％を超えていた。そんな中、住宅金融公庫と財形年金融資が五％台の低利かつ固定で大いに庶民を安堵させたものだ（図表13）。

この事業が九〇年代に入ると、大きな赤字を生み出すようになる。バブル崩壊の不況により市場金利は低下し、それに釣られて民間ローンが低利となる中で、財形年金融資は固定金利のため逆に高利となり、中途解約が相次いだのだ。

事業を行っていた年金福祉事業団（以下、年福）は、その原資を財務省（当時は大蔵省）からの借り入れ（財政投融資、以下、財投）で賄っていた。この財投借り入れが曲者だ。

こちらは、年福が資金調達時に大蔵省から借り入れた金利で固定され、しかも、中途で返却ができない取り決めとなっている。貸し出した先の個人はどんどん中途解約をする一方、年福は、バブル期の高金利で借り続けなければならない。結果、年福が高い利息を大蔵省に払い続けることになる。それが、五六一七億円の損失となっていった。

つまり年福の赤字とは、その分が大蔵省の黒字となっており、政府トータルで損失は生まれていない。

いや、ことはもっと複雑だ。そもそも年福は、年金積立金をそのまま住宅ローンや教育融資の原資に回せば、大蔵省にバカ高い金利を支払わなくてすんだ。が、当時はそれが法律で禁じられていた。だから、積立金は一度、大蔵省に預託し、それを財投として再借り入れする、という資金の往復が必要だったのだ。

この流れを逆にたどると、返済されたお金や金利は、まず大蔵省に入るが、そこから年金原資に戻ることになる。つまり、利子を払ったためいったん損を出すが、その分、同額の利息を受け取るというブーメラン構造なのだ。年金財政的には、片方で事業赤字、片方で運用黒字として釣り合う。

これは貸付事業だけでなく、前述のグリーンピア事業で支払った利息についてもまったく同じことが言える。

ここまでの構造を理解すれば、年金問題でやり玉に上がった損失は、いわれるほど大きくなく、年金財政を破綻させることなどないとわかるだろう。

最後に蛇足となる一文を記しておく。実は、グリーンピアや貸付事業の損失額の規模については、その大本が、二〇〇四年当時の厚労大臣である坂口力（公明党）氏の以下の発言に端を発している（二〇〇四年三月三日衆院予算委員会）。

「厚生労働省の試算によると、グリーンピア事業は、今後必要となる費用も含め、建設費と利子などで最大約三八〇〇億円、年金住宅融資事業は、個人や法人への貸付金の利子補給などで約九三〇〇億円の損失が生じる」

内情を知る厚労省のトップからこのような大ざっぱなリークがなされたのは、なぜか。私はそこに政治的意図を感じざるを得ない。

当時、郵貯・財投改革を叫び、また旧来利権にメスを入れることに血道をあげていた小泉政権下は、その改革の波を広めるために、年金損失問題を人身御供に差し出させたのではないか。もともと、厚労省に強い影響力を持つ小泉氏だけに、彼らに腹のうちを伝えて、肉を切らせて骨を断つ戦略に出た。巨大な公的金融である郵貯と、チェック機能が甘く政治的利権に結び付きやすい財投を破壊するために、子飼いの厚労省を使ったと考えるとつじつまが合う。

ただ、取材した限り、この推測にはまったく裏はとれていない。あくまでも私の邪推とお断りをしておく。

3 年金の〝逃げ得〟説の陥穽

†モデル数値よりかなり低かった所得代替率

年金支給水準については、所得代替率という指標が使われる。これは、現役時代の収入に比べてどのくらいの額がもらえるか、という意味となる。コラム「知識補給7」で見た所得代替率について、復習しておこう。

まずこの数字は、既婚者を前提とした夫婦合算での年金額となる。つまり、夫の年金に、専業主婦の妻の基礎年金（三号保険）を合わせた世帯収入で計算される。当然、未婚で通せば配偶者の三号保険分が入らないので率は下がる。そして、あくまでも四〇年間フルに加入したという数字であり、未納期間があればやはり率は下がる。

こうした前提で算出された所得代替率は、従来六〇％だった。それが、将来的には五〇％まで下がっていくと、二〇〇四年の改革時に想定されている。単純に考えると、六〇％↓五〇％への低下は、受取り年金の二割近くもの減額だ。ここからまた、世代間格差が騒がれる（知識補給10）。

ただ、これはあくまでも「既婚かつ、配偶者が専業主婦、そして四〇年間フル加入」というモデルでの試算であり、現実はこの通りにはならない。過去世代の多くの人も、ここまでもらえていないのだ。

まず、過去の世代では、「四〇年間フル加入」でない人が相当に多かった。その理由は以下の四点だ。

知識補給10　お一人様の年金生活が苦しい本当の理由

所得代替率6割というが実質は3割だ、とコラム「知識補給7」に書いた。ただ、その数字が低すぎるかどうかはいくつかの点で補足が必要だ。

まず、年金と生活保護の最大の違いは何か？　生活保護とは自力で生計維持をできない人に向けたサポートである。一方、年金は現役時代に生計を維持してきた人が、退職により生計維持できなくなった分を補塡するものである。現役時代にしっかり報酬を得ていた人は蓄えがあるはずであり、その蓄えと年金を合わせて生計維持することが基本となる。

また、標準世帯（夫婦＋子ども2人）の場合、現役時代の平均年収が700万円あったとしても、子どもの教育費や4人家族用の住宅費、そして老後への貯蓄などにも割り当てる部分が極めて大きい。純粋な夫婦分だけの消費は300万円もないだろう。

そのため、年金生活に入っても、むしろギャップなく暮らしているという声を聞く。

ところが、子どもがいない共働き夫婦（DINKs）や単身生活者（独身貴族）の場合、現役時代の年収の多くが自分（もしくは夫婦）用の支出に向けられている。そこから年金生活に移行すると、収入ギャップが大きく、生活レベルが維持できない、という問題が起きやすい。

年金不足を訴える声と「お一人様問題」が重なるのは、そのような事情があるためと考えられる。

①少なくない専業主婦が未加入だった

専業主婦の加入義務は一九八六年から。それ以前は任意加入（企業負担はなく公的負担も少ない）だったため、未加入の主婦は多かった。義務化前の一九八五年時点で国民年金への女性の任意加入者は七〇五万人（ほぼ主婦）。それが義務化された四年後の一九九〇年には一一九二万人と四八七万人も増えている。このことから、一九八五年時点で被雇用者の配偶者（専業主婦）の四割程度が、基礎年金（国民年金）未加入だったと考えられる。

②厚生年金未加入の世帯主が一割超

一九八六年までは三〇人未満の中小企業は厚生年金加入義務がなかった（一九八九年まで経過措置あり）。義務化前の一九八五年の厚生年金加入者は二七二三万人、経過措置が終了した一九九〇年には三一〇〇万人と、この間に三七七万人も増えている。このことから、一九八五年時点では、民間法人勤務者の一割強が厚生年金未加入だったと考えられる。

③制度が未浸透

一九六〇年代は国民年金・厚生年金ともに制度が浸透せず、未加入が多かった。

④自営業者や農家が多かった

六〇年代は自営業、農業（のちに農業年金ができる）従事者が多く、二階部分（厚生年金や公務員共済など）への未加入者が多かった。

以上を勘案すると、当時の多くの人の所得代替率は、モデル数値よりもかなり低くなるだろう。実際、二〇〇六年のデータでは、月二〇万円（年二四〇万円）以上年金をもらえている人の割合は、全体の一六・一％にしかならない（図表14）。

†夫婦フルタイム労働で年金額が増える

一方、バブル崩壊後は、世帯主の収入が減り、その分を主婦がパート労働により家計補助するのが一般的になった。とすると、その世帯の収入は、夫の月給と妻のパート賃金を足したものになるはずだ。ところが、所得代替率の計算式には妻のパート賃金は、配偶者控除の範囲内ならば「ゼロ円」とされる。

現実的な数字を考えてみよう。夫の年収が四〇〇万円（ボーナスや税金などを抜いた金額）、妻のパート賃金が一〇〇万円なら、世帯収入は五〇〇万円となる。が、所得代替率の計算上は、夫の四〇〇万円のみを対象とし、現在はこの六〇％を支給するということになっている。だから、四〇〇万円の六〇％でその額は二四〇万円となる。ただ、妻のパート賃金を含んだ実際の世帯年収は五〇〇万円あるのだから、これをベースに所得代替率を

図表 14　厚生年金＋基礎年金の受給額割合

年金額（万円）	受給権者数（人）	出現割合（%）	累積数（%）
360～	58,817	0.3	0.3
348～360	49,800	0.2	0.5
336～348	89,392	0.4	0.9
324～336	140,347	0.6	1.5
312～324	207,949	0.9	2.4
300～312	302,467	1.3	3.7
288～300	429,626	1.9	5.6
264～288	609,532	2.6	10.6
252～264	641,370	2.8	13.3
240～252	638,527	2.8	16.1
228～240	613,248	2.7	18.8
216～228	580,111	2.5	21.3
204～216	543,241	2.4	23.7
192～204	516,013	2.2	25.9
180～192	507,531	2.4	28.1
168～180	543,641	2.4	30.5
156～168	609,440	2.6	33.1
144～156	679,077	2.9	36.1
132～144	748,253	3.2	39.3
120～132	816,450	3.5	42.8
120 未満	2,727,763	57.2	100.0

※国民年金と厚生年金で算出、共済年金は除く。
　社会保険庁「平成 19 年度社会保険事業の概況」（平成 21 年 3 月）より
※厚生年金受給者と国民年金受給者は別々に公表されているため、編纂部にて合算。
　国民年金の割増支給者は割増上限値をとって、全員 120 万円以下に入れている。
2007 年度厚労省発表資料より筆者が作成

算出すると、二四〇万円（年金）÷五〇〇万円なので、四八％にしかならない。こうした形で現実的には、大して高い数字とはなっていないのだ。

逆に今後は、女性活躍が進み、結婚・出産後も正社員として継職できる社会になっていく。将来的には妻の継職で世帯収入が伸びることも予想できるが、仮に世帯収入が変わらなかったとしても、その内訳が「夫三〇〇万円＋妻二〇〇万円」という形に変化していくだろう。

そうすると、妻にも基礎年金に加えて二階部分（厚生年金）が支給されるようになる。この場合、世帯収入五〇〇万円の五割が年金で支給されるためその額は二五〇万円となる。先ほどの妻がパートの場合の二四〇万円と比べて、同じ世帯収入でも年金額が高くなることがわかるだろう。加えて、厚生年金のカバー範囲の拡大で、配偶者控除の範囲で働く主婦パートにまで適用が広がると、年金支給額が増える世帯はさらに増す。

整理するとこうなる。

①過去世代は、未加入者が多い（一九四〇〜一九五五年生まれ）
②現在の世代は、パート主婦の年収が年金計算上、無視され、所得代替率がかさ上げされている（一九五六から八五年生まれ）

③これからの世代は、女性もフルタイム継職が増え、専業主婦という前提が崩れ、夫婦で二階部分がもらえる（一九八六年生まれ以降）
④さらに、厚生年金の適用拡大で、パートでも二階部分をもらえる人が増える

この四つを勘案すると、本当の意味での所得代替率は過去・現在・未来それほど変わらない。こうした生活動態まで勘案して、年金制度について考察はすべきだろう。表面数値だけでは決して実態は語れない。

4 「年金未納と無年金高齢者で日本は破綻」などしない

†実質五％弱の未納率が「四割超」と騒がれている

「年金未納率が四割を超えた！」という話がいまだに新聞をにぎわす。こうした記事を目にすれば、何も知らない人は、年金制度に不安を抱くだろう。ただ、サラリーマン生活をしている人は、周辺を見回してほしい。そもそも、年金など天引きであり、未納などした

くてもできないという事実にまず気づくはずだ。そう、この話はあまりにも現実を無視したできの悪い誤報であり、すでに専門家により何度も反論されている。以下、振り返っておこう。

ここでいう未納者とは、自営業や学生などの一号保険（国民年金）加入者のことだ。厚生年金や共済などの二号保険（いわゆるビジネスパーソン）は強制加入であり未納はほぼない。また、二号保険加入者の配偶者である専業主婦も、三号保険が原則適用となるため、未納は少ない。現役世代を見てみれば、「二号プラス三号」の加入者が圧倒的多数であり、一号の三倍以上いる。そのため、一号・二号・三号の総計で見た基礎年金全体での未納率は四割ではなく、一割程度まで下がる。

一割程度まで下がった実未納率だが、この中には、学生や失業、低収入、障害、母子家庭などで納付を「免除・猶予」された人が含まれる（未納者の約四割）。たとえば学生については卒業時に一括納付という形をとる人が非常に多い。また、事情があり免除・猶予された場合は、国庫でその負担をしている。だから、彼らが無年金になることはない。

こうした免除・猶予者を除くと、基礎年金加入者に占める確信犯での未納率は五％強となる。ただし、これとて年度末での未納者であり、その後に遅れて納付する人が一定割合いるので、それを差し引くと、年金の未納率はさらに低くなる。

ここまでで、未納者というのは本当に少ないということがわかるだろう。さらに、残った少数の未納者とて、それが年金財政を逼迫させることはない。そもそも、未納者には将来、年金が支給されない。だから長期的に考えれば、未納が年金財政を悪化させることにはならないからだ。

現行の賦課方式だと、現役世代の拠出した年金料が、高齢者への年金支払いに充てられる。この時に、未納が多ければ、想定額が集まらないために、一時的に年金財政は確かに逼迫するだろう。

そのためにどのような方法で手当てをするか。それは、積立金による立替え払いなのだ。そうして、積立金の減少ペースが速まる。がしかし、未納者が高齢になった時に、今度は彼らに年金を支払わなくてすむため、この「立替分」の欠損が埋まることになる。こうして帳尻はきちんとあう。

†年金未納問題の旗振り役は日経新聞

まったく異なる観点から未納問題を指摘する人もいる。日本総合研究所の西沢和彦氏、国際基督教大学の八代尚宏氏、それに、慶應義塾大学の駒村康平氏と日本労働組合総連合会（連合）などにより主張されてきた以下のような話だ。

「厚生年金制度に加入する高所得層は、同じ所得の国民年金制度加入者に比べて多額の基礎年金の費用を負担している」（『年金制度は誰のものか』日本経済新聞出版社刊）

あたかも一号保険（国民年金）未納者分を厚生年金加入者が負担しているかのような話だが、そんなことは全く起きていない。厚生年金加入者が追加負担しているのは、同じ厚生年金加入者で低所得者の不足分だけだ。

さて、こうした「未納問題」は、四大新聞では主に日本経済新聞が旗振り役を務めてきた。民主党政権誕生前年の二〇〇八年一月七日付同紙の社説には象徴的なコメントが掲載されているので引用しておこう。

「今の年金制度を変えずに済むならそれに越したことはない。だが保険料の未納付増加で制度は破綻する可能性が大きい」「未納比率が高いままだと年金制度は早晩、破綻する。今は集めた保険料をその年の受給者に支払っている」「だから保険料の未納率が高いと、いつか給付が滞る恐れが高まる」

ここまで反論し尽くした誤りの意見を、二〇〇八年当時は恥ずかしげもなく、でかでかと打ち出していた。ただ、それはもう昔のことで今は反省しているというのなら、すべては水に流そう。ところが同紙は、それから一〇年近くたった二〇一七年八月二日の時点でも以下のように、まだ同様の未納たたきを「社説」で繰り返している。

「国民年金の保険料未納率は三〇％台半ばと高水準だ。免除者などを合わせた実質未納率は六〇％近い。より根本的には、年金財源としての消費税増税の可能性を探る税制との一体改革が切り札になろう」

ここでは、基礎年金の消費税化を結論としているが、前出の二〇〇八年一月七日社説もほぼ同様に、「基礎年金の税額負担」で結んでいる。実は本当の狙いはここにあるのではないか。問題でも何でもない「未納」について大騒ぎをし、なんとか基礎年金を税額方式に変えたい、と。この点は後述する。

†基礎年金を全額税負担に変えられるか？

実質の年金未納者は五％程度とはいえ、将来的に彼ら未納者が「無年金者」となり、三％程度の猶予者たちが（国庫による一部補塡はあるが）低年金になってしまう。無年金・低

知識補給11　生活保護で社会保障が破綻？

生活保護に関わる支出が増加していることが問題視されているが、それが社会保障全体に占める割合は3%程度と小さい。しかも生活保護の内訳は、医療と葬祭関連が7割近くになり、生計費としては1.5兆円程度しか支出をしていない。そのため、「生活保護が増えるから年金・社会保障が破綻」というのは行き過ぎた議論といえる。

年金者が生活保護を申請することで国家財政が厳しくなる可能性もある（知識補給11）。そうしたこともあるので、やはり、基礎年金は無料にして税金でまかなう、という話が叫ばれる。このロジックで、二〇〇九年に政権の座に就いた民主党は、当初「基礎年金の全額税負担」を掲げていた。ただ、ことはそう簡単には進まない。

まず、全額税負担にして無料化をすると、「現在すでに国民年金を支払ってしまった人たちが損をし、未納者だけが得をする」という問題が発生する。

そこで、そうした不公平を緩和するために、政府はあらかじめ三つの試算をしていた。

①全員一律支給とし、払い込み実績は考慮しない
②未納者はその未納額に応じて、年金を減額する
③過去払い込んだ人はその額に応じて、年金を上乗せする

①はすでに書いた通り、支払いした人たちの財産権の侵害と

図表 15　基礎年金全額税負担の追加財源

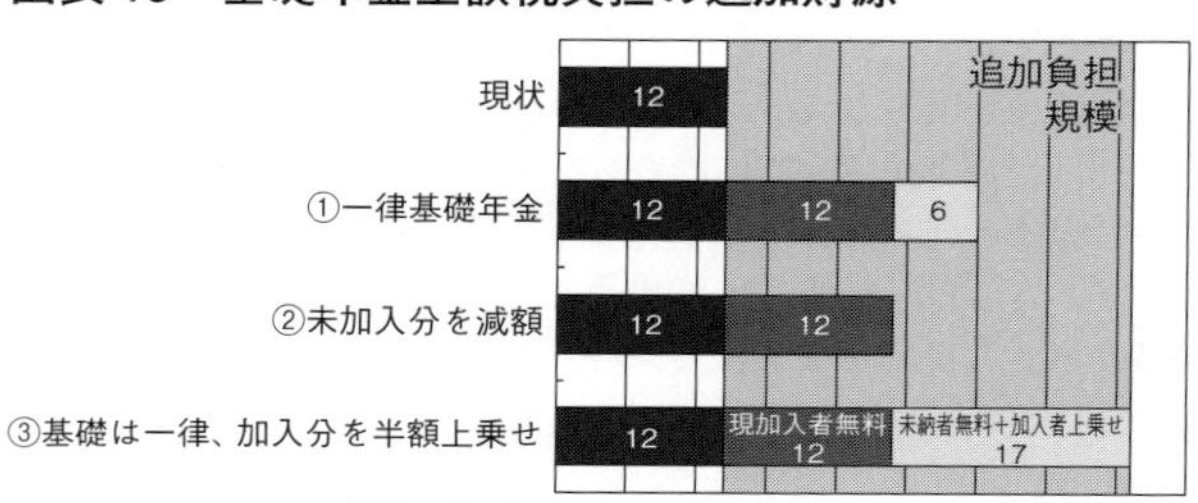

①〜③については、社会保障国民会議（2008 年 5 月 20 日発表）資料による。

もいえ、支払い損が起きるので納得感は少ない。

②は財源的には最小ですむが、無年金・低年金の救済としては効果が薄くなる。

③は全員への待遇アップとなり、とりわけ自営業者などの一号保険者で厚生年金や共済の二階部分の支給がなかった人たちには、喜ばれるだろう。では、③の場合、支払額に応じて、どの程度上乗せするのが妥当か？　実は、現在でも基礎年金は、半額が国庫（税金）から補塡されている。とすると、本人支払い分は半額なのだから、年金上乗せ額も従来もらえた額の「半額」というのが、合理的な線となる。

過去払い込んだ人たちの上乗せに関しては、国民年金制度を解消したあとでは賦課方式で賄い続けることはできない。とすると、その分まで国費の投入が必要となり、追加財源は、二〇一五年時点で二八〜二九兆円（消費税で八・五％相当）となる（図表15の③）。年金上乗せのために、さらに消費税を八・五％上げる――これはにわかに受け入れられがたいだろう。

こうした現実的な財源論なしで、民主党は「年金組み換えですべてが変えられる」と主張していた。そして、政権奪取後は現実を知り、公約を撤回していく。その詐欺的な流れについては、第四章にて後述することにする。

†未納問題を声高に叫ぶ本意

にもかかわらず、なぜ日経新聞はこれほど「未納問題」と「基礎年金の税方式化」にご執心なのか。その理由を推測してみよう。

実は、基礎年金を廃止して、全額税金負担にしたとしても、現役世代の負担はそれほど軽くはならない。なぜなら、その分、消費税がアップするからだ。確かに今までの未納者が消費税なら強制的に支払うことになるため、公平感は出るだろう。ただ、今度は彼らにも年金が支給されるので、その分、将来の年金支出が増え、やはり長期的には負担は減らない。

一方、高齢世代は今まで負担ゼロだったものが、これからは消費税として追加負担を強いられる。それが多少は〝世代間格差〟の解消につながるかもしれないが、その分、彼らの生活が困窮し、現役世代に仕送りなどのしわ寄せが起きる可能性はある。

こうした「減る負担と新たな負担で相殺」される人たちが多い中で、税方式により一方的に得をするプレーヤーが存在する。それが「企業」だ。彼らからは、基礎年金の「事業者負担」が消える。

そう、基礎年金の全額消費税方式化とは、巨視的に見ると、基礎年金拠出の企業負担をなくし、それを全額「生活者負担」にするということに他ならない。「未納の問題などない」と完膚なきまでに論破されても、ゾンビのように日経新聞がそれを持ち出し続ける本当の意図は、そこにあるのではないか。

5 現役世代を増やし、高齢世代を減らすことは人為的に可能

†年金財政をリバランスさせる方法

ここまで考えてくると、現在の制度が、かなり完成されたものだということがわかるだろう。だからけっきょく、いくら抜本的改革が叫ばれようが、それが実現してこなかったのだ。年金問題は実務者として中身を詳しく知れば知るほど、今がかなり良い状態で、改変が難しい、という結論に行き着く。

ならば、現行の賦課方式を維持したまま、どのような方向に制度を変更していけばいいのか。答えは実に簡単で、社会保障制度改革国民会議ではそのアウトラインが示され続けている。その骨子をまとめておく。

少子高齢化が賦課方式になぜダメージを与えるかは、「年金を拠出する人と、年金を受け取る人のバランスが崩れること」が問題なのだ。だとすれば、人為的にそれをリバランスすればいい。それは、出生率の回復という「神の導き」以外にも、政策的にいくらでも実現可能だ。方法は三つ。

①年金を払い込む期間を今よりも伸ばす
②年金をもらい始める年齢を後ろ倒しする
③年金制度のカバー範囲を広げる

こうした法律改正による制度変更で、現役：高齢世代比などいくらでもリバランスができる。寿命が伸び、産業構造が変わるたびに、それを行えばよい。

現在は六〇歳で基礎年金の拠出が終了するが、これを雇用延長された六五歳まで延ばす。こうすることで年金料を支払う現役世代は増加する。賦課方式は、こうやって調整するのが良い。さらに将来的には六八〜七〇歳まで雇用を延長していく。少子高齢化のために社会は人手不足だ。だから、雇用延長で新たに生まれる前期高齢者世代の労働を、企業は歓迎せざるを得ないだろう。結果、現役:高齢者比率は人為的に変えていける。

†年金の「もらい過ぎ」が起きた理由

第一章で触れた通り、一九六〇年の年金制度開始時点では、そもそも六五歳男性の平均余命は一一年あまりだった。それが現在では一八年にも伸びた。結果、年金の受給期間は一一年から一八年にも延び、「現役世代の負担増」が起きた。ならば、一八年という期間を短縮し、また、四〇年という拠出期間を延ばすのが合理的解決策といえよう。

こうしたごく当たり前のことに対して、「政府の設計ミスだ」「いつになったら年金がもらえるんだ」「かつての人は得をしている」という批判の声があがる。そして、そちらを正論としてとらえるから、いつまでたっても年金問題は解決しない。

年金制度開始から昨今までの一部の世代は、確かに「一一年のはずが一八年ももらえて」しかも「拠出も少なく」得をした。それは事実かもしれない。ただ、それは一部が得をしただけの話で、今後は少子化も底打ちし、寿命の伸長も鈍くなる。つまり、これからの世代と今を比べた場合、年金は成熟期を迎えて、より公平感が増していくはずだ。

そうした中では、ごく当たり前の選択として「寿命が伸びたら、その分長く働き、長く年金を拠出する」というバランスの取り方が当然の選択肢になっていくだろう。いつまでも、一部の世代と比較して「俺たちは損をしている、だからこの制度を壊せ」というのはやめにしよう。何度も言うが、「高齢化」に対しては、積立方式でも対応は難しい。積立方式であれば、想定された余生よりも寿命が伸びた場合、そこから先は無年金になってしまうのだ。どう転んでも「人口動態変化」にはリバランスによる調整が不可欠となる。

けっきょく、考えられないほどの長寿高齢化が進展したことが政策的ミスよりも大きな問題だ。ただ、長生きできるようになったことに文句を言う人はいないだろう。ならば、その分、その対価を支払うべき。それが「長く働く」ことなのだ。

一〇〇歳まで生きる、とか言われている時代に、六五歳までしか働かないで、三五年も年金をもらったら、国庫は破産する。いや、それ以前に、労働四〇年、余生三五年というのもおかしいだろう。ほぼ現役と同じ長さだから、こんなに長いのを余生とは言わない。

少子高齢化の中でやるべきことは二つ。

一つは、少子化を止めること。もう一つは少子化を受け止め、適正な社会フォーメーションを敷くこと。その一環として、誰もが長く働く。こうやって、社会は生産力ダウンを免れ、個人は年金不足にならないようにする。一億総活躍とはまさに、少子高齢化への社会フォーメーションなのだろう。

第三章 「年金は欲しいが高負担はいや」という世論

高福祉には高負担がつきものだ。年金や医療、介護といった社会保障制度を維持拡充するためには、その財源となる税負担が当然、必要となる。そのための欠かせない財源として最も有力なのが、国民に広く負担を求める消費税だ。

社会保障の財源を得るために消費税をその手段とすることは、合理性が高い。

社会保障費は、景気に関わらず一定の額が必要になるが、所得税や法人税は景況により徴収額が大きく増えたり減ったりするために、社会保障の財源としては適さないからだ。これに対して、消費税は安定性が高い。それが社会保障とセットにすべき一つ目の理由だ。

また、消費税は広く薄く多くの人が支払う。これはサービスを受ける当事者である高齢者や通院・入院患者も支払うことを意味し、負担の公平性という意味でも納得がいく。ただし、消費税はお金持ちも貧しい人も同じ率で徴収されるために「富める人に、負担をより重く」という所得再分配機能が弱くなるという批判もなされる。(それでも、富める人は消費額も得てして多いため、「率」は同じでも「額」ではより高負担とはなるが)。現にヨーロッパでは、社会保障財源の多くを付加価値税でまかなうことにより、より平等な社会を実現してきたとも言える。より、貧しい人の負担を緩和したいというのであれば、所得の低い人には支払った税を還付するという方法などでサポートしていけばよいだろう。

ところがこの消費税、すこぶる評判が悪い。日本が過去たどった道筋は、常に「消費税反対」であった。

マスコミが非をあげつらい、建設的な論議はあまり進まず、導入に尽力した政治家は軒並み討ち死にした。そればかりか、税率引上げ反対というポピュリスト的政治家が跋扈(ばっこ)し、議会内外ですったもんだが繰り広げられる。その数奇な歴史を振り返ってみよう。

1 消費税というタブー

†一四か月で消滅した元祖・消費税

サービスを含む消費財が課税対象になる租税を一般消費税という。いくつかの類型に分かれ、付加価値税、財・サービス税、小売売上税といった名称で呼ばれる国もある。日本では終戦直後の一九四八年九月から一四か月という短期間のみ、取引高税という名称の消費税が施行されていた。

これは取引のたびごとに課税される多段階税だったため、原料から販売まで自社で完結する企業には有利に働いたが、他企業と多様な分業をする企業には不利になった。しかも、当初は事業者が事前に購入した印紙を顧客に渡す領収書に貼る形式をとっており、納税が適正に行われているか、税務署員がしばしば客を装ってチェックしたため、大きな反感が生じた。

そこで現金による申告納税に切り替わったものの、税務手続きが煩雑なうえに、商品の売り値や売上げまで税務署員がチェックしたため、当時横行していたヤミ値取引が発覚する恐れが生じ、悪評ふんぷんだった。

当時の負の記憶が後の消費税論議にも影を落とすことになる。

一九四九年九月に発表されたシャウプ勧告は、この取引高税の廃止を勧める一方、付加価値税の導入を勧告。ここでいう付加価値とは、現状の消費税で使われている消費型付加価値（売上げから仕入れを引いた事業利益が対象）ではなく、所得型（事業利益に加え、賃金、利子、賃貸料、地代も合計した額が対象）であった。一九五〇年度の導入が予定されたが、内容が国民によく理解されず、けっきょく、実現に至らなかった。

その後一九五〇年代中頃にも、消費税導入の機運が政府の中で盛り上がったが、徐々に沈静化していった。高度成長期に入り、所得税や法人税などの基幹税が毎年、自然増収したからだ。

だが、その増収も収まり、石油ショックを経た一九七五年から、日本の財政は赤字に転落した。財政学者、石弘光は、その要因として景気低迷による税収の減少に加え、日本政府が一九七〇年代初頭から、年金や医療といった公共サービスの充実を図り、「歳出増加の原因をビルトインさせたこと」を指摘する（『消費税の政治経済学』日本経済新聞出版社）。

人口の高齢化も楽観視し、社会福祉サービスの拡大に寛容な一方で、税負担引上げには消極的だったので、「受益と負担のギャップ」がボディブローのように効くことになったのだ。

†一般消費税で倒れた十字架宰相

次第に社会保障財源の雲行きが怪しくなる中で、再び注目を集めたのが消費税であった。政府税調の提案を受け、大平正芳首相のもと、一九七九年一月一九日の閣議で「一般消費税（仮称）」の翌年からの実施を目指し、諸般の準備を進めることが決定する。

これに対し、中小企業団体や流通団体が猛反対。自民党内でもそれらの団体と深い関係をもつ商工族が反対の声を上げた。労働団体、消費者団体も同じ反応を示した。いずれも財政再建の必要は認めるものの、反対する理由は、①無駄を排し、非効率を改善することによる歳出削減、②不公正税制の是正による税収増、の二つを優先させるべき、ということだった。

ところが大平首相は導入の姿勢を崩さず、同年九月七日に衆議院を解散。続く総選挙においてその必要性を強く訴えたが、選挙期間中、一般消費税（仮称）導入の旗を降ろさざるを得なくなった。マスコミが日本鉄道建設公団の不正出張問題に端を発する「公費天国キャンペーン」を大々的に繰り広げたからだ。「税金の無駄遣いを放置したまま、増税なんてとんでもない」という国民感情が形成され、自民党は惨敗する。

すぐに第二次大平内閣が成立したもの、一九八〇年五月一六日、社会党が提出した内閣不信任案が与党内非主流派の本会議欠席により可決、再び衆議院を解散したものの、選挙期間中、大平首相は心筋梗塞で急死してしまう。クリスチャンでもあり、以後、「一般消費税で倒れた十字架宰相」と称される。

この後、財政再建は新たな税制の導入ではなく、行政改革による歳出削減と不公平税制の是正という二方策で行われるようになっていく。「増税なき財政再建」を掲げた一九八一年からの土光臨調（臨時行政調査会）がその旗頭であった。

†売上税を提唱した中曽根首相

だが、そんな弥縫策（びほうさく）がいつまでも続くわけではない。

一九八四年一〇月三一日に自民党総裁に再選され、二期目を迎えた中曽根康弘首相が「戦後政治の総決算」を掲げ、税制改革を主要テーマの一つに掲げた。翌年九月二〇日、中曽根首相の諮問により、政府税制調査会が審議を開始するが、その裏には、一九八六年夏に予定されていた衆参議院選挙までは、減税を先行させ、増税には触れない、という首相の思惑があった。

八六年四月二五日の中間発表では首相のシナリオ通り、減税などが先行発表された。しかし世間は首相の本音をお見通しで、選挙後に新たな間接税の導入を発表する、という疑いの声が渦巻いた。これでは選挙が乗り切れないと感じた中曽根首相は、六月一四日、「国民も党員も反対する大型間接税はやらない」と明言してしまう。

こうして七月六日に行われた選挙は自民党が大勝。その勢いに乗り、党内調整を経て、中曽根内閣は一九八七年二月四日、売上税法案を提出するが、世論の大反発が起こる。免税点（後述）が一億円と高く、五一品目の非課税品を定め、税率は五％としているから、決して「大型」間接税ではない、というのが政府の言い分だったのだが、そんなまやかしに国民はだまされなかった。

この時、産業界で最も強力に反対したのが流通ならびに繊維業界であった。仕組みが複雑であることに加え、競争が激しいため売上税を価格に転嫁できず、けっきょく、事業者の負担になるというのがその表向きの理由であった。

ただ、本当の理由は異なる。それは、当時の政府案はインボイス制（仕入れと売上げの伝票を明示する）であり、それを導入すると、個人商店などの収支が正確に把握されてしまうことだ。結果、彼らの収益はガラス張りとなり、法人税・所得税にまで累が及ぶ。だから強硬に反対したのだ（詳細は後述）。

野党も大型間接税攻撃を強め、「ダメなものはダメ」と繰り返す土井たか子・社会党委員長が喝采を浴び、マスコミも追随して内閣支持率が大幅に低下。三月八日に行われた岩手県の参議院補選で社会党が圧勝し、続く四月一二日の統一地方選挙でも自民党が敗北する。けっきょく、国会に提出されたものの、一度も審議されず、五月二七日、廃案が決まる。

†竹下首相の消費税導入と失脚

一九八七年一一月六日に発足した竹下内閣が大型間接税導入の次のチャレンジャーになった。竹下首相は政府税調に対し以下の諮問を行った。

「今後の高齢化社会の到来、経済の一層の国際化を展望する時、抜本的な税制改革の実現は避けて通れない課題であり、経済の活性化に配慮しつつ、長寿・福祉社会をより確実なものとして維持していくためには、所得・消費・資産等の間で均衡がとれた安定的な税体系を構築することとし、早急に成案を得る必要がある」。

この政府税調、さらには自民党税調の答申を受け、一九八八年七月二九日に税制改革関連法案が国会に提出される。所得税と相続税、法人税減税とセットで、税率三％の消費税の導入を図る内容であった。五％から三％に税率が下がったのは、あくまで五％を主張した当時の大蔵省に対して、自民党が「業界説得のため」と譲らなかったからだ。これが先例となり、以後、税率アップと他の諸税の減税をセットで行うのが常道となる。

国会での論議は、①低所得者層ほど負担が重くなる逆進性の問題をどうするか、②バブル真っ只中で、税の自然増収が巨額の時勢になぜ導入を急ぐのか、③三％から将来引き上げないという保証があるか、といった入り口論に終始し、与野党対立が激しさを増したが、社会党と共産党が牛歩戦術をとるなか、自民党の強行採決により、一二月二四日、参院本会議で可決、成立した。

消費税アレルギーは施行後も根強く、野党は廃止法案を二度にわたって提出している。しかも、この時期、リクルート事件が大きな問題になっていた。「政治家は濡れ手で粟で、株で儲けているのに、国民には新税を押し付けるのか」というのだ。竹下首相自身がリクルートから資金提供を受けていたことが判明したため、支持率が急落、一九八九年六月三日、政治不信の責任をとって辞任している。

†細川首相の頓挫、村山政権による引上げ

一九九三年八月九日、自民党の一党支配が三八年ぶりに崩れ、日本新党の細川護熙代表を首相とする連立内閣が成立する。その半年後、細川首相が一九九四年二月三日の未明にいきなり税制改革案を発表。そこに盛り込まれていたのが国民福祉税であった。総額六兆円の減税を先行実施するとともに、消費税を廃止し、それに代わる財源として税率七%の国民福祉税を創設する、という内容だった。

これに対して、猛烈に反対が巻き起こる。発表が何しろ唐突過ぎたのだ。しかも、差引きで実質的に増税となるため、景気が悪化しかねない。「七%の根拠は?」と記者会見で問われ、「まだ腰だめ(細かくつめていない)の数字だ」と答えた細川首相の曖昧な言葉も、反対の火勢を強めた。政府と連立与党の間で調整がはかられたものの、二月四日、同構想は白紙に戻される。細川首相自身も、借入金疑惑が起こり、四月二五日に総辞職を余儀なくされた。同構想が遠因だったのは明らかだろう。こうして、消費税関連で退陣を余儀な

くされた四人目の首相が出た。

その後、羽田内閣を経て、一九九四年六月三〇日、自民党と社会党の連立与党の下、村山富市内閣が成立する。細川内閣は所得税と住民税の減税を決定していた。村山内閣はその減税財源確保のため、消費税率の引上げに挑み、所得税と住民税の減税と消費税率引上げを同時に行う増減税一体処理の税制改革関連法案を提出した。社会党委員長も土井たか子氏から村山氏に変わって、「福祉のためであれば増税もやむを得ない」という空気が生まれていた。その支持母体の連合も同様の反応だった。労働側が賛成になびく流れには逆らえず、財界（経済四団体）も「やむなし」という態度だった。

村山首相は目指す税制改革について、「重税感の強い中堅所得層の税の軽減を図り、高齢社会を支えるための水平的課税を考えて、消費税の負担をお願いすることになった。政権を担う立場から責任ある措置を取った」と語っている。

「消費税率引上げはやらない」という公約に反しているという理由で、野党からの追及はあったものの、同法案は一一月二五日に与党の賛成多数で可決、成立。消費税率が三％から五％に引き上げられることが決まったが、翌九五年七月二三日に行われた参院選挙で社会党は改選議席を大幅に減少させた。

この時の方針に従い、次の橋本龍太郎内閣で九七年四月に増税が実施されるが、翌九八年の参議院選で自民党は大敗し、橋本首相は退陣を決める。

それから十余年を経て、二〇〇九年八月三〇日に行われた総選挙で民主党が大勝、政権交代が起きた。直後に就任した鳩山由紀夫首相は次の総選挙が行われるまでの四年間は、消費税の税率引上げは行わないと言明したが、翌年六月八日に誕生した菅直人内閣が引上げを試みる。キーワードは「強い経済、強い財政、強い社会保障」だった。

菅首相は六月一七日、民主党の参院選公約の発表に際して記者会見し、自民党が既に明確にしていた一〇%への引上げ方針に〝抱きつく〟形で、「われわれも消費税率の一〇%への引上げを参考にしたい」と言明。菅内閣発足時の支持率は六〇%を超えていたが、この発言で急落、参院選公示後のそれは四〇%を切ってしまう。当然、選挙は敗北し、菅首相は「消費税に触れたことが唐突な感じで国民に伝わった」と負けを認めた。

それでもなお税率引上げを目指した菅首相は、「政府・与党社会保障改革検討本部」を設置。この間、東日本大震災が起こり、その対応の拙さが指摘されたこともあって、菅首相の求心力と支持率が急激に低下する。

二〇一一年八月二六日、退陣表明を余儀なくされるが、置き土産として残したのが「社会保障・税一体改革成案」だった。消費税を社会保障目的税とし、二〇一〇年代半ばまでに税率を一〇％まで引き上げる、という内容だ。

†党を割りながら税率アップした野田首相

菅政権の後を継ぎ二〇一一年九月二日に誕生した野田佳彦内閣は、税率引上げを最優先の政治課題とした。具体的には先の改革案の法案化だ。

最大の敵は党内にいた。小沢一郎元代表らである。「二〇〇九年総選挙時のマニフェスト違反であり、国民の声を無視し馬鹿にすると必ず大きな鉄槌が下される」と、政府を厳しく批判し「行財政改革の徹底実行」「衆院の議員定数削減」のほうが先決すべき課題だと訴えた。

だが、野田首相は揺るがなかった。一二月二九日、党内の合同総会で「いま我々が逃げたら、この国はどうなるのか」と訴え、当初の原案より半年遅らせる形で、「二〇一四年四月に八％、二〇一五年一〇月に一〇％」とする引上げを決める。

「名目・実質成長率、物価動向等、種々の経済指標を確認し、経済状況を総合的に勘案したうえで、引上げの停止を含め、所要の措置を講ずる」という景気条項を入れ、増税分は全額を社会保障財源にすることを明確化することで、異論を押し切り、社会保障と税の一体改革の大綱を閣議決定する。二〇一二年二月一七日のことだ。

二月二五日、野田首相と自民党の谷垣総裁の極秘会談が報じられる、二九日、参議院で党首討論が行われ、谷垣総裁が「本当に消費税増税を望んでいるなら、党内をしっかり掌握していただきたい」との注文をつけた。マニフェスト違反による解散を主張していた前回討論とは明らかに波長が変わっていた。

三月三〇日、消費税率引上げ関連法案が閣議決定され、国会に提出される。これに対し、民主党内では小沢グループ二一名が辞表を提出。連立を組んでいた国民新党も増税に反対する亀井静香代表と賛成する自見庄三郎金融相が対立し、分裂した。

法案は六月二六日、衆院で採決され、民主、自民、公明らの賛成多数で可決する。民主党内では小沢グループを中心に五七人が反対票を投じ、一六人が欠席あるいは棄権した。その後、七月二日には小沢元代表ら五〇人の議員が離党届を提出している。同法案が参議院でも可決、成立したのは八月一〇日のことであった。

野田首相は「近いうち、消費税率引上げの信を問う」と年内解散を匂わせる発言をしていたが、一一月一四日、自民党の安倍晋三総裁との党首討論で、小選挙区の一票の格差是正と定数削減の実現を条件とし、一六日の衆議院解散を約束した。

一二月一六日に実施された総選挙では、マニフェストに違反して消費税増税を断行したことや東日本大震災からの復興が遅々として進まないことなどが批判され、民主党は惨敗する。

2 鬼門の消費税の風向きが変わった時

†消費税に関われば内閣がつぶれる

消費税の歴史を急ぎ足で振り返ってみたが、どうだろうか。実に、九つの内閣が消費税議論に関わっている。そのうち税制の導入や税率アップに成功したのは三内閣のみ。対して、法案審議や増税実施により国政選挙で敗退した内閣は五つ。じつに八人（九内閣）の首相の首が飛んでいる（知識補給12）。

まさに政治家にとって消費税（大型間接税）は鬼門だとわかるだろう。

知識補給12　消費税と政局の歴史

①大平正芳内閣
・1979年に、一般消費税という名前でこの税の導入を目論む
・同年の衆院選で敗退
・それでもあきらめずに一般消費税増税に再チャレンジ
・不意の解散（40日抗争）で衆院再選挙
・選挙期間中に心筋梗塞で倒れ、帰らぬ人となった。

②中曽根康弘内閣
・まずは減税を先行させて国民の支持率を上げる
・さらに「大型間接税はやらない」と宣言、86年7月の衆参院選で大勝
・7か月後の87年2月に、売上税と名を変え51品目の除外品を設け、税率を5％の税率にしたて「大型ではない」と言い張る
・3月の参院の岩手県補選で敗退
・4月の統一地方選で大敗
・売上税法案は一度も審議されずに廃案となる

③竹下登内閣
・1988年7月29日に税制改革関連法案を国会に提出
・所得税と相続税、法人税の減税とセットに、しかも税率3％に下げ、消費税という名に変える
・同年12月24日、成立。
・リクルート事件が大きな問題になり、竹下自身もこの事件に関わっていたため、89年6月3日、政治不信の責任をとって辞任

④細川護熙内閣
・社会保障に限った目的税として国民福祉税を提唱
・94年2月3日の未明に急遽、発表
・総額6兆円の減税を先行実施、消費税を廃止し、税率7％の国民福祉税を創設
・準備不足で唐突。「7％の根拠は？」と記者会見で問われ、「まだ腰だめ（細かくつめていない）の数字だ」と答え反発を招く
・翌日、同構想は白紙に戻される
・細川首相自身に佐川急便からの借入金疑惑が起こり、4月25日に総辞職

⑤村山富市内閣
・細川内閣に成立した所得税と住民税の減税の財源確保

のため、消費税率の引上げを意図
・所得税・住民税の減税と消費税率引上げをセットで行う増減税一体処理の税制改革関連法案を提出
・「福祉のためであれば増税もやむを得ない」という空気が支持母体の連合に生まれていた。財界（経済四団体）も「やむなし」という態度だった
・同法案は1994年11月に成立、消費税率を3％から5％に
・95年7月の参院選挙で社会党は改選議席を大幅に減少
・村山首相は辞任
⑥橋本龍太郎内閣
・前村山内閣の決めた税率引上げを97年に実行
・翌年7月の参院選で自民党は惨敗し、橋本内閣も終焉を迎える
⑦菅直人内閣
・2010年6月17日、自民党が明確にしていた10％への引上げ方針に〝抱きつく〟形で、「10％への引上げ」を言明
・支持率急落
・7月の参院選で民主党惨敗
・あきらめず「政府・与党社会保障改革検討本部」を設置
・消費税を社会保障目的税とし、2010年代半ばまでに税率を10％まで引き上げる「社会保障・税一体改革成案」作成
・東日本大震災への対応の不手際などあり辞任
⑧野田佳彦内閣
・菅路線を引き継ぎ、税率引上げを最大の課題とする
・小沢一郎元代表の反発
・当時野党だった自民党、公明党と協議体制を敷き、当初の原案より半年遅らせる形で、「2014年4月に8％、2015年10月に10％」とする引き上げを決める
・「直前の景況を考慮して増税の中止・延期を判断する」という趣旨の景気条項を盛り込む
・2012年6月26日、衆院で、民主、自民、公明らの賛成多数で可決する。民主党内では小沢グループを中心に57人が反対票を投じ、16人が欠席あるいは棄権
・7月2日、小沢元代表ら50人の議員が離党届を提出
・8月10日、同法案が参議院でも可決、成立
・12月16日、衆院の解散総選挙で、民主党は歴史的な大敗を喫し、野田内閣は終焉を迎える

このテーマに取り組むと、以下のような逆風が巻き起こると総括できる。

①野党の猛反発
②業界団体、とりわけ流通業と中小業者の猛反発
③与党内商工族の反発
④マスコミの反対キャンペーン

消費税反対派が語る対案は以下のようなものになる。

・無駄を廃し、非効率を改善することにより歳出削減できる
・不公正税制の是正により税収は確保できる

要は「まだできることはある」論だ。大平内閣時代から都合四〇年以上も「まだやることがある」と増税に待ったをかけ続けたことになる。

そこに、運悪く、与党の政治的なスキャンダルが重なると致命傷となる。たとえば、

・日本鉄道建設公団の不正出張問題に端を発する「公費天国キャンペーン」（大平内閣）
・リクルート事件（竹下内閣）
・佐川急便献金疑惑（細川内閣）

その結果、政権はダッチロールをはじめ、選挙で大敗し失脚というパターンが繰り返さ

れた。この流れに対抗するため、政権側もいくつかのノウハウを見出してきた。

・減税をセットに（または先行）して、増税の必然性を高める
・選挙前には増税論は出さず、選挙で大勝後に初めてそれを打ち出す
・名称を変え、以前に否定された税ではないように見せる

ただ、この三つの策をそろえても、消費税増税の壁は厚く、法案はなかなか通らない。中曽根政権時代には、まさに減税先行で参院選を乗り越え、大勝後に初めて増税を打ち出し、名称も売上税に変えたが、それでも直後の地方選で大敗し、法案は即廃案となった。細川内閣でも、減税案を先行させ、名称を国民福祉税に変え、いきなり発表をしたが、その不意打ちが、逆に反対意見を盛り上げ、早々に白紙撤回をしている。

†消費税法案を可決させた竹下政権の戦略

では、増税や新制度を成立できた三つの内閣は、何が異なっていたのか。その勝因を分析してみることにしよう。大平内閣の一般消費税、中曽根内閣の売上税、との違いを図表16で示した。

図中の「免税点」とは売上高がこれ以下なら、納税しなくてすむ金額のことをいう。つ

図表 16　かつての大型間接税案の比較

	一般消費税（大平内閣）	売上税（中曽根内閣）	消費税／創設時（竹下内閣）	消費税／2018 年
税率	5%	5%	3%	8%
免税点（年間売上）	2000 万円	1 億円	3000 万円	1000 万円
簡易課税（年間売上）	4000 万円	1 億円	5 億円	5000 万円
限界控除（年間売上）	4000 万円	なし	6000 万円	なし
インボイス	なし	あり	なし	なし

※筆者作成

まり、売上高の少ない零細商店にとって消費税は「もらい得」（益税）になる。また、図中の「簡易課税制度」は、一定水準以下の売上高の事業主は、みなし課税で税額を計算できる制度だ。これも、みなし税を使った税額が、実際の受け取った消費税額より小さければその分が益税となる。

　さらに、図中の「限界控除」とは免税点を超えると納税額がゼロから一気に跳ね上がることを抑制するため、一定額を本来の納税額から差引くことができる制度だ。こちらもやはり益税が発生する。つまり、反対派の中小商店が、儲かるということだ。

　そしてもう一つ、インボイス（伝票制）の不採用もポイントとなる。大型間接税には、本来はこれが欠かせない。多段階で流通する商品は、仕入れの段階ですでに消費税が支払われている。それに上乗せして二重課税することを防ぐために、仕入れ価格を知り、そこで払われている税額を控除するために、インボイスが必要となる。欧米では標準的にこの方式が採用されている。が、日本の消費税はこの方式を採っていない。なぜか？

インボイスを発行すれば、仕入れ価格と仕入れ量が明確になる。そうするとそこから小売店の総売上げや総所得が半ばガラス張りになってしまうのだ。それにより、小売店主が支払う法人税や所得税にまでメスが入る可能性がある。そこに不都合を感じる商店主が多かったのだろう。

消費税導入を成し遂げた竹下内閣は、「減税とセット」「名称変更」を抜かりなく行った。その上で、それ以前と大きく違ったのは、「業界団体」への目配せだったのだ。大平内閣時代、零細小売業を抱える日本商工会議所の会頭だった五島昇は、当時の雑誌の対談でこう語っている。

「なぜ小企業、零細企業が反対するかというと、内部を覗かれるからイヤなんだね」(『財界』一九七九年一〇月一〇日臨時増刊号)。

この方式をやめれば、当然、業界の反発は収まる。だから、竹下内閣での「消費税」法案は、インボイス制を取りやめた。こうして業界と商工族の反対を抑えた。それが勝因といえるだろう。導入に先鋭的に反対する中小事業者、とりわけ小売店に対する配慮が多重になされている点が大平内閣、中曽根内閣とは異なる。

結果、税制は成立したが、消費者の払う消費税は「益税」として中小業者の懐に消え、また、流通業一般の懐事情は依然ガラス張りにならないことになった。消費者にとっては、最悪の選択肢を選んだことになる。ただ、それでも、これも一種の必要悪と言えるかもしれない。とまれ後世に、大いなる教訓を残したことは、竹下内閣の功績と見ておく。

それは、

・反対派に出血大サービスを行う
・制度導入時点では、非常に得をする形にしておく
・その「サービス」を徐々に減らしていく

という「蛇の道は蛇」方式だ。

商工族に強い自民党旧田中派出身で党内基盤も盤石な竹下政権、時はバブルの真っ最中で企業も業績絶好調、という政経的に「これ以上ない」環境でもここまでやらないと、消費税は成立しなかった。竹下手法を批判するよりも、それくらいこの問題は厄介だと心にとめおくべきだろう。

†反対派から推進派への寝返り

一方、村山内閣と野田内閣の消費税導入への〝貢献〟は、労働代表に近い立場の政党が政権の座に就き、意見を急転回させたことにある。前出のポイントを振り返っておこう。

村山富市首相の野党時代の公約は「消費税率引上げはやらない」だったが、首相になると、「重税感の強い中堅所得層の税の軽減を図り、高齢社会を支えるための水平的課税を考えて消費税の負担をお願いすることになった。政権を担う立場から責任ある措置を取った」と語った。そのため、「福祉のためであれば増税もやむを得ない」という空気が支持母体の連合にも生まれる。労働側が柔軟になる中で、財界（経済四団体）も「やむなし」という態度となっていった。

野田内閣は、もう少し曲折がある。まず、先々代首相の鳩山由紀夫氏が「次の総選挙が行われるまでの四年間は消費税の税率引上げは行わない」と言明する。が、続く菅直人内閣では、自民党が表明していた一〇%への引上げ方針に〝抱きつく〟形で、消費税率の一〇%への引上げを「参考にしたい」と方針転換。直後の参院選で民主党は敗北を喫するが、それでもなお税率引上げを目指し、けっきょく、菅首相は「社会保障・税一体改革成案」

を置き土産に退陣する。跡を継いだ野田内閣は最大の政治課題として、税率引上げに取り組み、身内から多数の離反が起きる中、野党の自民党・公明党の賛成を得て、増税は成立する。

村山・野田内閣の増税成功は、振り返ると大きな教訓を残している。増税には野党も含めた広い連帯が必要であること。とりわけ、反対に回っていた立場の党が、政権についた場合、反対派が一挙に減るため、法案は通りやすい。さらにもう一つ挙げるならば、増税反対の声を上げる党は往々にして「労働者寄り」のポジションをとることが多い。こうした政党の示唆であれば、労働者団体からの賛同も取りやすい。それが成功への道筋をつくっている。

これはその逆も言えるだろう。使用者寄りの立場にいる政党は、財界団体を抑えやすい。たとえば、一九八六年の年金抜本改革で、三号被保険制度や中小企業の厚生年金義務化など経営者が呑みづらい法案を、時の総理大臣である中曽根康弘首相が押し通したこと。また昨今では、安倍首相が官製春闘などと揶揄されながらも、賃金のベースアップや最低賃金の引上げで財界を押し切ったこと、女性活躍推進での役員やイクメンの数値目標化などが実例として挙げられるだろう。

†本当の意味での政権監視と、成熟した政策論議を

さて、これら教訓や過去の経緯を踏まえて、今後の社会保障改革を実現させるために、一つ大切なことを掲げておきたい。それは、「マスコミのレベルアップ」だ。高齢化社会を迎えてどうやっても財源に悩む時代の中で「無駄をやめれば」論や、「行政や過去世代が悪い」論を流布することを、マスコミはもうやめにすべきではないか。

そして、本当の意味で、社会に役立つ「監視役」になるべきだろう。たとえば、竹下内閣が行った「業界への目配せ」は、一般消費者の不利益につながった。こうした点を厳しく批判し、インボイス制の利点や簡易課税の問題を説けば、国民の意識も変わったはずだ。同様に、政権交代で野党が与党になった時は、それまで通らなかった法案が通るチャンスであることや、また、労働者寄りの党が労働者団体を、使用者寄りの党が経営者団体を抑えるなどの筋道も解説していくべきだろう。

新聞社のデスクやテレビ局のプロデューサーには、それくらいの見識を求めたい。

第四章　ウソや大げさで危機を煽った戦犯たち

　ようやく年金〝問題〟のアウトラインが見えてきたのではないか。まず、一部の人が理想的と考える積立方式はあまりにも導入難易度が高すぎる。また、「基礎年金の全額税方式」が謳われたりもするが、それも、どうにもうまくいかないことがよくわかっただろう。ここまで踏まえると、現行の賦課方式はそんなに悪いものではない。なのになぜ、これほどまでに不満が噴出するのか。

　それは一つに「少子高齢化」が想定以上に進んでしまったことにある。二つ目は現行の賦課方式を採る限り、制度開始当初の世代が得をすることと最後の世代が損をすることは避けられないことにある。そして三つ目は、皆年金(かいねんきん)方式に着地させるために当初の年金料を低く抑え、徐々に料率をアップする形、いわゆる段階保険料方式が必然であったこと。結果、「うまいこと言って」もしくは「高齢者世代に甘い制度だ」と不平がたまる。こうした不幸な状況下で、社会保障財源のための増税にはとんでもない逆風が吹きまくる。

負担はしたくない、でも年金は欲しい、という心の隙につけいるように、〝トリッキー・ガイ〟が甘言を弄する。この章では嘘八百の甘い言葉で庶民をだましたデマゴーグを取り上げていくことにしたい。

1　政権前後で年金に対する発言が一八〇度変わった旧民主党

†「私たちなら年金を全額税方式にできる」の具体策はなかった

「とにかくデタラメ」の一語に尽きる。二〇〇九年に政権の座に上り詰めた旧民主党が、年金制度に対して示した方針が、だ。そのあまりの酷さについて、振り返ることにしておく。

現在の立憲民主党党首で、旧民主党政権では官房長官などの要職を歴任した枝野幸男氏は、二〇〇四年四月に、「(現行の公的年金制度は) 間違いなく破綻して、五年以内にまた替えなければならない」と言っていた。同様に、旧民主党時代の岡田克也氏は、同党代表の座にあった二〇〇五年に、「国民年金制度が壊れている」と主張していた。

こうした流れの中で〇五年、「年金制度をはじめとする社会保障制度改革に関する両院合同会議」が開かれることになる。そこで、枝野氏は、「私たちは、新しい制度をある意味で白地に書きたいと思っています」と語った。

その新しい制度とは、基礎年金の全額を消費税でまかなう最低保障年金のことだ。当然、その税財源をどうするかという課題に直面することになる。両院合同会議で、自民党の丹羽雄哉氏が、枝野氏にこの件について以下のように質問をする。

「民主党さんのマニフェストによりますと、足元で二兆七〇〇〇億円に上る巨額な費用が必要になるわけでございます。これを、具体的にどのような財源を削減することによって二分の一を捻出するのか、これについてお答えをいただきたいと思っております」

対して枝野氏は、以下のように答えた。

「難しいことではありません。政権をかえていただければ、やる気があるかどうかという問題であって、予算の組み立て方の枠組みで、今のように各役所の積み上げ方式で予算編成している限りは大胆な予算配分の変更は不可能です。枠組みをしっかり決めて、その枠の中でやれということで上からおろすというやり方をすれば簡単にできることだというふうに思っています。一度任せていただければ実現をいたします」

何も具体策は示さず、大枠を決めて役人に押しつければそれでどうにかなる、と語るのみだ。今読み返すとあらためて、その不誠実さに憤りを感じる。

前出の丹羽氏は以下のように続けている。

「一番の焦眉の急でございます国庫負担を三分の一から二分の一に引き上げるということに対して、私ども与党は真摯なスケジュールというものを示したわけでございますが、枝野議員は予算の編成のやり方次第でどうにでもなるというような、木で鼻をくったような返答をなさったことは大変私は残念で、遺憾に思っておるような次第でございます」

（二〇〇五年四月二二日第二回「両院合同会議」）

このやり取りについて、もう少し説明しておこう。

基礎年金は従来から、その三分の一が国庫（税金）により賄われていた。ただ、年金財政を長持ちさせるため、国庫負担を二分の一にまで高めていくことを、当時の政府は謳っている。その差額をどうやって国は財源調達するのか、という重要な議論が続けられていた。

対して民主党は、「どうせ全額税金負担にするのだから、三分の一だ、二分の一だと議論しても意味がない」と高を括っていた。ならば、その全額負担はどう財源調達するのか、と問うたのが、丹羽氏だったのである。それに対して、政権をとって大号令掛ければなんとかなる、としか枝野氏は答えていないのだ。

†当初から疑問を抱く人、後に非を認めた人、頬かむりの人

この基礎年金の国庫負担分引上げについての、まやかしっぷりは、政権奪取後もさらに続く。二〇一〇年一〇月、NHK日曜討論に出演した海江田万里経済財政担当大臣（当時）は、「基礎年金の国庫負担引上げに要する二・五兆円をどうするのか」の質問に、「その話は今の年金のことでして、我々はまったく新しい年金をつくるわけですから」と答えた。枝野発言から五年、政権交代して一年を経た後でも、言っていることは変わりなかった。

当時の旧民主党で要職にあって唯一、こうした姿勢に疑問を呈していた前原誠司氏は、政権奪取前の〇八年七月に雑誌『中央公論』誌上にて、以下のように発言している。

「仮にこのまま民主党が政権を取っても大変です。私は「君子豹変」しないかぎり、まともな政権運営はできないと思いますよ。今、民主党が最もしてはならないのは、国民に対して耳触りのいいことばかり言っておいて、仮に政権を取った時に「やっぱりできません」という事態を招くこと（以下略）」

さて、民主党の政権奪取から一〇年を経た現在、彼らの話がまったく現実にはならず、二〇〇四年改正時のシナリオが堅持されている。その間、三年三か月も政権の座にあった民主党は、あれだけ「間違いなく破綻する」「壊れている」と言っていたにもかかわらず、前原氏の予言通り、「やっぱりできません」と白旗を掲げ、以下のように、修正や謝罪発言をしている。

「現行の年金制度が破綻している、あるいは将来破綻するということはない」（二〇一二年三月一六日参院予算委員会、野田佳彦総理）

「年金制度破綻というのは、私もそれに近いことをかつて申し上げたことがございます。それは大変申しわけないことだというふうに思っております」（二〇一二年五月二二日衆院

知識補給13 **旧民主党→民進党→立憲民主党と国民民主党に分裂**

民進党は、民主党に維新の党や無所属議員などが合流して2016年3月に誕生した。翌年9月の衆議院議員選挙直前、前原誠司民進党代表は、小池百合子東京都知事の都民ファーストの会を中心とした希望の党との合流案を打ち出した。その際にはじき出されたリベラル派が立憲民主党を結成、民進党は分裂した。この一連の動きの中で小池氏が、希望の党の政策に従わない候補予定者について、笑顔で「排除します」と言ったことから、世論の反発を招き求心力を失う。その後、解党した希望の党と旧民進党が合併したことで、18年に国民民主党が生まれた。

社会保障と税の一体改革に関する特別委員会、岡田克也副総理）

二〇一七年九月の解散総選挙では、当初よりマニフェストに疑問を抱いていた前原氏が敵役に転落し、遅きに失した感はあるが非を認めた野田氏と岡田氏は無所属で不遇をかこつことになった。対照的に、終始一貫いい加減なことを言い放ち、その発言を訂正も謝罪もしなかった枝野氏が、民進党と合流を画策した希望の党の〝排除の論理〟を覆したヒーローとしてもてはやされた（知識補給13）。その後もマスコミは「第三極」「リベラルの騎士」とやけに枝野氏を持ち上げている。かつての政治的不見識・不誠実など忘れてしまう人のよさに呆れ返るばかりだ。

気になるのは、自他共に認める「ミスター年金」長妻昭氏の言動だ。彼は、民主党が政権を奪取した後、厚労大臣の座につく。そこで、こんな発言をしている。

「年金は破綻しません。私は年金が破綻するとは一言も言ったことはありません」(二〇〇九年一一月一日、フジテレビ系列の報道番組にて)

確かに、私が調べた限りでも、長妻議員が「年金が破綻する」と言った記録は見つからなかった。ただ、そのことは褒めるに値しない。

彼は、年金の制度や理論に関してまったく言及したことがないだけだ。ミスター年金と言われながら、その実やっていたのは年金記録の消失いわゆる「消えた年金問題」に対して追及をしていただけなのだ。この問題も決して捨て置くべき話ではないが、年金財政にとって九牛の一毛ほどの微額にとどまる。そこに食らいついただけで、制度や理論には何の言及もせず、政権奪取後は論功行賞で厚労大臣の座を射止める……。

こんな政治がまかり通るはずなどない。その後に民主党は衰亡の途を歩んだのも当然の結果だろう。

2 「無駄遣いをなくせば増税不要」という確信的詐話（さわ）

†旧民主党政権のマニフェストの大盤振る舞い

「政府にはまだまだ無駄遣いがある。そこを徹底的に見直せば、負担は今のままで、いくらでも行政サービスは拡充できる」。一九七〇年代より続けられたこの「負担はそのまま、無駄の削減でまだまだいける」論が極まったのが、二〇〇九年に政権をとった時の民主党の公約だ。その行政サービスの大盤振る舞いは以下のようになる。

・二〇〇九年衆院選での民主党の公約

①出産時の助成を五五万円に
②子どもが中学を卒業するまで毎年三一万二〇〇〇円を支給
③公立高校無料化、私立高校は年額一二～二四万円助成
④消費税を財源とする最低保証年金を創設
⑤介護労働者の賃金を月額四万円引上げ

⑥自動車関連諸税の減税（本則税率への復帰）で二・五兆円減税
⑦高速道路無料化
⑧中小企業の法人税率一八％を一一％に
⑨月額一〇万円の手当付き職業訓練制度の創設

夢のような政策が並んでいる。ここまで行政サービスを拡充させても、増税はしないし、赤字国債も不要。それは、「無駄の排除」ですべて事足りるという。

「なぜなら、二〇〇兆円近い規模の特別会計を精査・組み替えすることで毎年一六・八兆円の予算が新たに確保できる」から、それでまかなえるという触れ込みだったのだ。その一環としてマスコミを通じて国民の耳目を集めたのが、三回にわたって開催された事業仕分けだろう。

ただ、この成果は、事業仕分けをリードした構想日本の発表でも、三回分合わせて三兆七五〇〇億円の余資捻出に留まり、それも一過性のものが大半で、毎年捻出可能な安定財源など多くはなかった。

当時野党の自民党総裁だった谷垣禎一氏は、国会答弁で以下のように発言している。

「藤井官房副長官は、かつて、総予算二〇七兆円の一割から二割くらいは簡単に切れると豪語されましたが、何のことはない、政権交代の効果として切れたのは、総予算の一割ではなく、目標額の一割にすぎません」（二〇一一年一月二六日衆院本会議）

†特別会計二〇〇兆円というが、その八割は見せ金

なぜ谷垣議員が当時の藤井官房副長官の名をあげつらってまでそこまで言ったのか。谷垣議員も自民党の中では財政に強く財務省畑である。藤井裕久議員は、なんと大蔵省出身で、党内随一の財政通と目されていた。ならば、特別会計の構造など百も承知のはずだ。

そのプロ中のプロがかつて「簡単に切れる」といった、確信的詐話行為を許せなかったのだろう。

政権交代の前年（二〇〇八年）に財務省があらかじめ防衛線として発表したガイドブック『特別会計のはなし』を見れば、民主党のマニフェストは根も葉もない戯言とわかる。この資料を少し細かく見てみよう。

当時、特別会計の規模は年により変動はしていたが、おおよそ二〇〇兆円プラスマイナス二五兆円のレンジに収まる（図表17）ため、それを民主党が公約で「二〇〇兆円」というのは間違いではない。

ただ、この中身はどうなっているか。発表資料の中の最新年である二〇〇八年を見ると以下の通りとなる。

〈総予算〉一七八・三兆円（重複を除く）

図表17　特別会計の歳出予算額

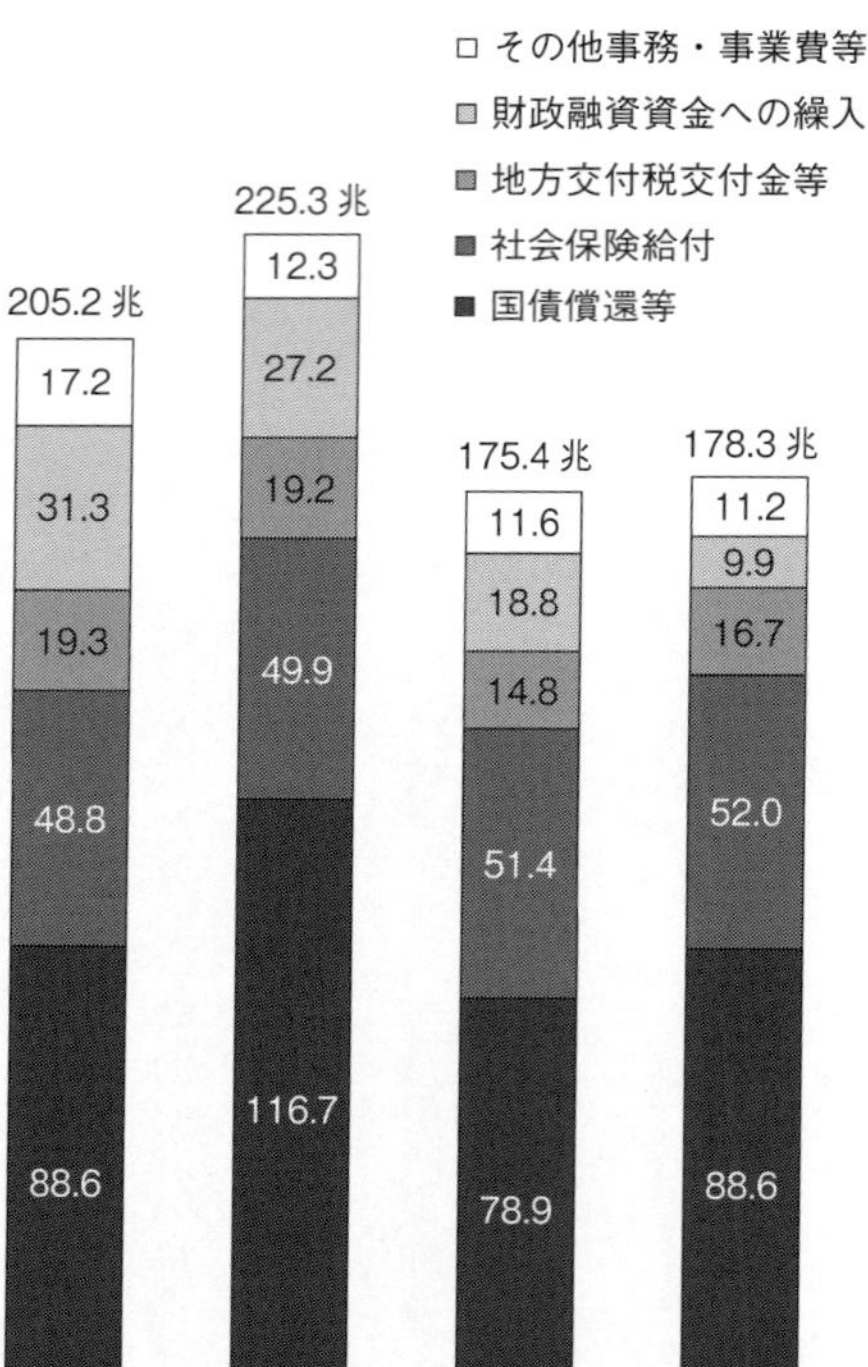

財務省主計局「特別会計のはなし」『財政統計』より

〈内訳〉
①国債償還等（主に国債の借換費用に使う）……八八・六兆円
②社会保険給付（年金・健保の支払いに使う）……五二・〇兆円
③地方交付税・交付金等（国税から地方への補塡に使う）……一六・七兆円
④財政融資資金への繰入れ（財政投融資資金となる）……九・九兆円
⑤その他事務・事業費等……一一・二兆円

このうち、①は期限が来た国債をいったん買いとる（償還する）ために必要なお金であり、一時的な出費となるが、その分は、同時に借換債を発行してその売り上げを充てることで相殺する。本当に会計上の数字でしかなく、財源として使えるようなものではない。

②も同様だ。年金や健保の給付に使うお金は、それぞれの保険金や年金の徴収額に国庫負担額を加えて成り立つ。そのための財布でしかなく、ほぼ全額、給付されて消えていく。このどちらにも仕分けが入り込む余地はほぼない。

①②の合計で一四〇・六兆円となり、特別会計の八割近くを占めてしまう。残りはもう三八兆円だ。

③も地方自治体への送金なのだから、たとえ無駄があったとしても地方政府への切り込

みが必要となるだろう(一括交付金にすれば云々の議論があったが、それは地方交付金とは別の話)。当時は小泉政権時代の三位一体改革で地方交付金を縮減した直後でもあり、これをさらに削ることは難しかった。

ここまでを差引くと残りはたった二〇兆円強(④⑤の合計)。二〇〇兆円だった特別会計も、素通りするお金を除くとたったこれだけになる。この中にもまだ「義務的経費」は残っており、簡単に財源として捻出できるものは少ない。つまり、民主党が見込んだ一六・八兆円などハナから出るはずがないのだ。

幽霊の正体見たり枯れ尾花というか、これほどまでに中身のないこけおどしに、報道のプロや識者たちが当時、厳しい評価を下さなかったことには、言葉を失うよりほかない。ちなみに、この「特別会計二〇〇兆円から一六・八兆円捻出可能」問題については、政権奪取後にそれが無理筋と痛感した旧民主党は、前言撤回という方向に歩を進めるが、その際も、正面から「無理でした」と言わず、卑劣な言い訳を弄している。

「財源についてはマニフェストに欠陥があった。高齢化に伴い、社会保障費は毎年一・一兆円ずつ自然に増えていくが、その分を考慮していなかったのは甘かった」(二〇一一年七月一二日付朝日新聞朝刊、玄葉光一郎議員の発言)。

まだ恥ずかしげもなく……。マニフェストは、高齢化による社会保障費の自然増で破綻したのではない。そもそもがまったく根も葉もない詐話だったのだ。

3 マクロ経済スライドを〝老人いじめ〟とはき違える

†今やらないと、将来世代が損をする

二〇〇四年の「一〇〇年安心」改革で決まった。マクロ経済スライドについても評判が芳しくない。二〇一五年にこの制度が初めて発動されることが決まった時、高齢者いじめのごとく伝えるマスコミは多かった。たとえば、以下のような見出しの記事だ。

「政府が〝究極の庶民イジメ〟二〇一五年は「年金減額」元年の危機」(『日刊ゲンダイDIGITAL』二〇一四年一二月二五日付)

反面、同じ『日刊ゲンダイ』が、別の記事では、世代間格差があると、以下のようにも書く。

「リタイアした世代に比べて、現役世代の暮らしぶりは厳しい（「高齢者が個人消費の主力という不健全」という記事内）」（『日刊ゲンダイDIGITAL』二〇一四年一月一一日付）

この二つの記事は、矛盾している。なぜなら、マクロ経済スライドとは、世代間格差を薄めるためのものだからだ。

この制度の仕組みを再度振り返っておこう。

かつての年金制度は、物価にスライドさせて高齢者の年金額が決まった。そうすると物価が上がり、高齢者の人口が増えると、トータルでの年金額はどんどん大きくなる。それを現役世代の労働者が負担する。現役世代の人口が減少を続けている。とすると分子の年金トータルの支給額は増え、分母の現役世代の労働人口が減るために、一人当たりの年金拠出額はうなぎ登りに跳ね上がることになる。実際、年金保険料はどんどん上がった。

ただ、この状態に楔を打ったのが、二〇〇四年改革だ。今後、年金保険料率のアップは、二〇一八年までの改定で終えることを決めた。とすると、そこから先は、料率固定だから、現役世代の労働人口が減れば、年金原資は減ることになる。もし、高齢者への年金給付水準を保ったままでいれば、積立金からの補填額が大きくなり、あっという間にそれは枯渇してしまうだろう。

そんなことが起こらないように、年金給付水準を調整して、とりわけ将来世代にとって大切な資産である積立金を計画的に費消していくために、とマクロ経済スライドは創設された。マクロ経済スライドは、現在の高齢者から、孫、ひ孫への仕送りと言われるのはそういう理由からだ。

これで、世代間格差縮小のために設けられたという意味がおわかりだろう。ちなみに、再説するが、この発動により年金額が減るといっても、それは一〇〇年後の二一〇四年の時点でも、所得代替率は五〇％をキープするという想定だ。底なしに減額するのではなく、六〇％から一〇％下がるに過ぎない。

†抜かずの大剣に終わる可能性

制度自体は、一九九九年に行われたスウェーデンの年金改革で用いられたものを手本としている。「国会の議決を経ずに、自動的に賃金や物価の変動にあわせ年金給付額をスライドさせる」方式のため、手続き的にもストレスがない。これで、世代間での給付水準の格差は減るはずだった。

ところが、二〇〇四年に導入が決まったマクロ経済スライドは、現在まで二〇一五年に一度、発動されたきりだ。なぜなら、マクロ経済スライドを制限する以下のような付則があったからだ。

・一人当たり賃金や物価がある程度、上昇し、スライド調整を行っても、その額が一定程度は上昇するか、そもそも額が変わらない場合はそのまま発動する。

・一人当たり賃金や物価の伸びが小さく、スライドをフル発動したら名目給付額が下がる場合は、名目額を下限とする範囲で発動する。結果、名目額が減少することはない。

・一人当たり賃金や物価の伸びがマイナスの場合、それらの下落分だけ年金額を下げるが、それ以上には下げることはしない。

†未発動分を取戻す制度は設けたが、それでも足りない

こうして、本来なら発動されるべきマクロ経済スライドが制限された結果、高齢者への今の給付額は予定より多くなっている。その分、積立金が目減りし、将来の高齢者、つまり今の若い世代のための財源が失われてしまったのだ。

こうした事態を改善しようと、二〇一六年三月一一日、国会に提出されたのが年金持続可能性向上法である。具体的には次の二つの措置が明記された。

①マクロ経済スライドの見直しとして、未調整分の繰り越し方式（キャリーオーバー方式）の導入（二〇一八年四月一日から施行）

マクロ経済スライドが発動されなかった場合の未調整分を繰り越し、景気回復局面にまとめて調整が行えるようにした。

②賃金・物価スライドの見直し（二〇二一年四月一日から施行）

賃金変動が物価変動を下回る場合、これまでは物価変動に合わせて年金額を変えていた。それを改め、賃金に合わせて年金給付額を改定する仕組みを導入した。

ただし、これを仮にフル発動できたとしても、そこから先の年金水準が適正になるだけで、すでに失われた積立金は戻っては来ない。

確かに、マクロ経済スライドで高齢者の生活レベルの低下につながる可能性はある。ただ、十分な二階、三階部分をもらっている人には関係のない話だろう。問題は一階部分のみ、もしくは低年金の人たちとなる。

彼らは今の年金水準でも低いし、マクロ経済スライドを効かさなかった場合の将来の一階部分の水準は積立金の枯渇により、今予定されている額よりもさらに低くなる。とするなら、マクロ経済スライド云々ではなく、彼ら低年金者向けの施策を考えることが必要だ。

ちなみに、消費税一〇％に増税したあかつきに確保できる財源には、こうした低年金高齢者への対策が含まれていた。そこまで理解していたなら、マスコミが本当に叩くべきは、消費増税の先送りの方だったのではないか。

ただこの件では一部マスコミに進歩も見て取れた。民進党国対委員長の山井和則氏は、第一章で触れたように、民主党時代に「一〇〇年マイナス成長が続く」というトンデモ年金試算を行った破廉恥なほどの年金騒擾者である。二〇一六年の賃金・物価スライドの見直しに際しても案の定、「年金カット法案」と大々的に反対キャンペーンを張った。ところが、彼のかつてのトンデモ状況を知る大手メディアはこの件に追随しなかった。

「民進党は年金抑制強化策の必要性を理解しているか　不安をあおるのではなく建設的議論を」（産経ニュース二〇一六年一〇月二九日）、「民進党の「年金カット法案批判」は見当違いだ」（東洋経済ONLINE二〇一六年一〇月二七日）、「民進の減額批判　的外れ」（『東奥日報』二〇一六年一〇月二五日）と、山井氏は返り討ちにあっている。

不要な年金騒擾を起こしても、マスコミも世論も追従しないということを、もういい加減に肝に銘ずるべきだろう。

第五章　ベーシック・インカムの現実度

現行の賦課方式年金に対して、積立型や税方式など、さまざまな「代替案」が論じられてきたが、そのどれもが大きな欠点をかかえるため、けっきょく、現行方式に替わり得るものではなかった。

そこに昨今、新手の〝抜本改革案〟が登場した。それが、ベーシック・インカムだ。国民全員に生活が成り立つだけのお金を一律に配ってしまう。その代わり、生活者向けの多くの行政サービスを廃止してしまう、というものだ。

もしこの仕組みが成り立つのであれば、もちろん、社会保障自体も大きく変わるだろう。

果たして、現時点でベーシック・インカムは国民にとっての真の福音なのか、それともまたぞろ現れた幕間のピエロによるパフォーマンスなのか、検証することにしたい。

1 年金行政を根本から変えるか？

†国民全員に生計費を一律支給

ベーシック・インカムとは、政府が国民全員に、生活費を無料支給する制度のことをいう。現在の生活保護のように何かしらの理由があって労働に就けない人のみを対象とするのではなく、老若男女を問わず、誰にでも一律に支給する制度だ。これにより、衣食住が一通り満たされる程度のお金を、働かなくとも手に入れることができるようになる。

ベーシック・インカムの結果、社会は大きく変わる。人々はもう、やりたくない仕事を続けなくていい。自分の興味関心があることだけに専念できる。そんな働き方ならば、労働生産性も上がる。だから社会全体が裕福になる……ともいう。

ただし、現実的なコストを考えれば実現は無理という反論が長らく唱えられてきた。財源面からして、また、働かなくとも生活費が支給されるなら、人々は怠惰になり、社会の生産性が下がるという批判も根強い。

対して、ベーシック・インカム推進派は反論する。国民全員が衣食住に困らなくなるので、年金も生活保護も失業対策も中小企業保護（この多くが失業防止の意味合いのため）さえも大幅に減らすことができる。行政サービスをスリム化した分をベーシック・インカムに回せば、財源面の問題はクリアできる。また、働かない人が増えて生産性が下がるということに関しては、人々は苦役こそ避けるだろうが、好きな仕事はたとえ給与が低くても、生活に困らないのであれば進んでやるようになる。だから社会の総生産は増えるのだと、批判とは真逆の主張をする。

こんな感じでベーシック・インカム論が甲論乙駁状態となり、インターネットを中心に、近年盛り上がっているのだ。

私がベーシック・インカムに興味を持ち始めたのは、人工知能（ＡＩ）の行く末について取材を重ねていたころだ。ＡＩとロボティクスの発展により、人間の多くの仕事が機械に代替されていくようになる。知能でも体力でも人間を凌駕するアンドロイドたちが街を闊歩して働く、ＳＦのような世が訪れたとすれば、未来社会は飛躍的に生産性を伸ばすはずだ。しかも彼らには給料は必要ないから、人件費などのコストも低減する。当然、企業の利益は増加していく。

その一方で仕事を奪われた人間たちは、日々の生活の糧にも窮するようになる。このままでは富の偏在が激しくなり、結果、経済がしぼんでしまう。すると国は、大儲けをしている企業に重税をかけ、それを財源に、人々に生活保護として生計費を配るようになる。これが、未来型ベーシック・インカムの絵図だ（拙者『「ＡＩで仕事がなくなる」論のウソ』イースト・プレスより）。

その頃には、アンドロイドが人間以上に高い生産性で労働に従事しているのだから、ベーシック・インカムの額も現在の給与水準を超えるだろう。

たとえば、全国民に一律月額三〇万円、一家四人の標準世帯では一二〇万円という数字が現実的になる。それでいて、生産性に富む社会だから、物価水準は今よりも下がる。たぶん人々は、本当に豊かなライフ（ワークではない）を謳歌しているはずだ。

もし、この先、ＡＩやロボティクスの進化が想定通りかそれ以上のスピードで実現するなら、そんな社会が訪れてもおかしくはない。だからベーシック・インカムも遠い将来には実施されるかもしれないと私も思っている。

だが、現在すでにそれが実現可能、今すぐ実行すべし！　という話には距離を置いていだろう。少なくともまだ一〇年か二〇年は、人の代わりに働いてくれるアンドロイドはないだろう。こんな状態でベーシック・インカムを導入すれば、いくら不要な行政サービスをカットしても財源不足は否めず、そのしっぺ返しで、労働者には猛烈な増税を強いなければならないと、直観的に感じたからだ。

こうした「財源はどうするのだ？」を詳細に検証する前に、ベーシック・インカム的なものの歴史について、ざっと振り返ることにしよう。その結果、なぜ近年、推進論者が増えてきたのかも理解できることになる。

†ベーシック・インカム導入は低賃金化を進める

生活を営むのに必要な額の基礎的な生計費を、国民全員に配るという政策の歴史は新しいものではない。その源流を探ると、一七世紀にイギリスで成立したエリザベス救貧法にたどり着く。同法は生活保護をより広くより簡便に支給することを目的とした。

その後、同法の系譜の中でスピーナム・ランド法が生まれる。これは、標準的な報酬を得られない人に収入の欠損分を行政が補塡するという制度で、後述する「負の所得税」に近い内容となっている。

ただし、資本家が圧倒的に強かった当時の社会情勢では、国が労働者の生計費を補塡すると、企業は彼らの賃金をどんどん下げるという悪循環が起きた。その結果、補塡額は増え、国の財政は逼迫し、この制度は早晩、破綻していく。

†フリードマン「負の所得税」

一九世紀になると、救貧・防貧ではなく、新しい社会構造を模索するという意味で、フランスのフーリエやイギリスのオーエンに代表される空想的社会主義者や、イギリスのジョン・スチュアート・ミルのような功利主義学者が独自の制度を提唱するが、こちらも結実はしていない。

曲折をつづけていたベーシック・インカム的な制度に急展開をもたらしたのが、ミルトン・フリードマン（七六年にノーベル経済学賞受賞）だ。彼は「負の所得税」という新たな概念を持ち込んだ。

所得税はご存知の通り、人々の所得に応じて徴収する税金のことをいうが、現状ではその徴収額の最低が「ゼロ」である。それを、ある年収以下の人は税額がマイナスとなり、逆にお金がもらえるようにする、というのが「負の所得税」だ。

この説明を聞くと、ある収入以下の人にのみ基礎的な生計費が支給されるように聞こえてしまうので、もう少し説明することにしておこう。

フリードマン方式では、実は国民全員にお金が支給され、同時に、所得税も一円でも収入があれば課される。この差引きが純粋な意味の基礎的な生計費となる。結果、収入が上がってくると、所得税額が国からの支給額を上回るようになる。だから、見かけ上は、この点より年収が上の人のみ税負担をしていることになるのだ。

これは、所得税の考え方を変えるだけで社会構造が大きく刷新できることを意味する。日本などは、国中にくまなく税務署が配置されているから、新たに大きな徴税・支給などの仕組みを導入する必要はない。この徴税網を利用して、国民全員にベーシック・インカムを一律支給してしまい、同時に所得税も課すという方式をとる。支給・徴収は、ベーシック・インカムと所得税額の差分で行う。こうすることで、実際の支給作業は「所得税額がベーシック・インカム額以下の低年収層」のみに限られ、業務量は少なくなる。

また、ベーシック・インカム自体は一定額を全員に、という性質のため、生活保護のように個人資産の状況を把握して受給認定や減額を行う必要はないし、年金のように過去に各自が拠出した額に応じた増減管理なども不要だ。

「負の所得税」の方式でベーシック・インカムをしっかり支給することで、今まで行政が苦労して積み上げてきた年金・生活保護・失業給付などの社会保障や産業振興、民生サービスなどが代替できる。

要は、政府は税務を徹底するだけの軽微な存在となり、各種行政コストが軽減されるというのだ。こうして行政コストが削減できるから、その浮いた事業費を財源とすれば、ベーシック・インカムの実現性はさらに高まる。こんな魔法の杖が登場し、近年論議が盛んになってきたのだ。

では、この方式を日本の社会構造に照らし合わせた場合、どのようなものになるのか、を見ていくことにする。

†ベーシック・インカムは月七万円?

日本銀行副総裁であった原田泰氏が二〇一五年に上梓した『ベーシック・インカム　国家は貧困問題を解決できるか』(中公新書)では、フリードマン方式を用いて日本で実施するためのスキームが事細かに示されている。

その骨子は、支給額は月七万円（年八四万円）とし、これを全成人に支給（二〇歳未満は月三万円）することだ。この金額水準は、老齢基礎年金（満額で月額六・六万円）を念頭に置いている。ここまでで日本全体では、年間総額九六兆円の規模となる。さて、この財源をどう確保するか。

まずは、所得税だが、こちらは「一律三〇％の税率」に一本化する。そのうえで、給与所得控除や配偶者控除、扶養者控除など様々な「控除」を廃止する。こうした控除はベーシック・インカムで代替されているから不要という趣旨だ。これで徴税作業は大幅に簡素化される。

そして、税逃れをなくすために、利益の源流に遡り、企業の人的経費に対して一律三〇％徴収する仕組みとする。現在、雇用者所得と自営業の混合所得の総計は二五七・七兆円ほどあるので、その三割だと、七七兆円超の税収となる。この大胆な構造変革により、徴税の網羅性は高まり、しかも実際の税務作業はスリムダウンされる。

ちなみに、七七兆円という税額は、同書中データによる「現行の所得税」一三・九兆円よりも六三兆円超もの税収増となる。この六三兆円で、九六兆円のベーシック・インカム総額の三分の二近くが捻出できてしまった。あとの三三兆円ほどについて、原田氏は以下のように工面できるという。

計算上は、財源確保が可能

まず、従前の行政サービスのうち、ベーシック・インカムで直接的に代替できるものを削減し、その予算を回す。

・基礎年金の国庫負担
・子ども手当
・雇用保険(失業給付)
・生活保護(医療費を除く)

これらが合計で二一・八兆円あるので、残りは一一兆円強となる。

続いて、失業対策のために行っている公共事業なども削減できる。公共事業費は国と地方を合わせると(国民経済計算上の公的資本形成で)二一兆円。この四分の一が失業対策的性格と想定し、ベーシック・インカム導入時に廃止する。その額五兆円。

同様に、地方自治体の民生費は生活保護を除いても一八・四兆円もある。この三分の一もベーシック・インカムで代替できるとの想定で六兆円が浮く。

これで原田型ベーシック・インカムの財源は賄えるのだが、さらに、固定資産税の減額・控除を廃止し、米国並みの税率にする。これにより五兆円の予備財源が確保可能となる。


とここまでで、ゆうに財源的にはカバーが可能となる計算だ。

こんな調子で、経済官僚出身の原田氏は、他の雰囲気だけのベーシック・インカム論とは異なり、かなり精緻に数字をとらえている。

たとえば、多くの論者は、「生活保護が肥大化している。これを削減できるのが大きい」と粗い議論をするが、これは間違いだ。

生活保護はあらゆる給付を含めても四兆円にしかならず、しかもそのうち半分以上が医療費であり、生計費関連は一・六兆円程度と桁違いに小さい。九六兆円規模のベーシック・インカム導入の主財源には遠く及ばない額だ。

対して原田氏は同書中で、ベーシック・インカムで代替できる生活保護の規模を一・九兆円（これには、葬儀関連など生計費以外が含まれているため数字は若干実情より大きいが）と見積もり、ことさら大きくその意義を強調などしていない。

こんな感じで数字の裏付けをとっているところが、他の論者と一線を画す。

†労働忌避も避けられる？

一方で、「お金を配ることによって、働かない人が現れるのではないか」という根本的な批判に対しても、氏が主張する「所得税率三〇％」方式で対応が可能、と反論する。いわく、現行の生活保護方式であれば、所得の増加に対して生保の支給停止が起きる。いわば、労働所得に対して一〇〇％の徴税と同じ状況（だから、働く気が失せる）だが、原田型なら三割しか徴税されず、七割が所得として手元に残る。だから、この方式の方が、むしろ現行制度よりもアクティベーション（労働誘導）に優れている、という。

さらに、働かなくてもお金をもらえることによる「労働離れ」がどのくらい起きるか、税率と労働時間の弾性値から計算して、社会に大きなインパクトを与えるほどの労働時間減少は起きない、という試算も示している。

ここまで論理と数字で攻められると、原田型のベーシック・インカムは完璧で隙がないものに見えるだろう。

さて、本当に問題がないのか否かを考える前に、そもそも原田氏やフリードマンはなぜ、こんな形のベーシック・インカム制度を主張するのか、その背景に触れておきたい。

2 誰が大きく損をするのか

†市場万能主義とベーシック・インカム

原田氏もフリードマンも、経済学の世界では「シカゴ学派」と目される人たちだ。彼らシカゴ学派の考え方を単純化すれば、「経済活動は市場に任せるべき」となる。余計なことを政府がするから経済の活力が削がれるのであり、政府は規制緩和を進め、市場の機能を高めることに専念すべし、と考える。

そこことから、新市場主義もしくは市場万能主義とも呼ばれる（ちなみに、シカゴ学派の考え方をライフスタイルにまで組み込んだ人たちを俗に「リバタリアン」という）。

当然、シカゴ学派は、細々としたミクロ経済政策を嫌う。そうした施策を張り巡らせることで、たとえば利権や無駄が発生し、それが市場機能を弱め、富の偏在を生む原因になる。だから政策とは、ミクロではなくマクロで行うべきだ、と考える。

同書中で原田氏は大規模なバラマキこそマクロ政策の本意とし、「広く薄く配るバラマキ」を推奨している。対して、個別的に大金を投入する裁量行政を最悪視し、その例として農業振興を上げている。いわく、様々な振興策として二・三兆円を積み上げ、それでも国際価格と比して一・八兆円も高い農産物を国民は購入させられ、にもかかわらず農業総生産は四・九兆円（GDPの一%!）にしかなっていない。

つまり、国民負担四・一兆円に対して生産規模四・九兆円という、とんでもない非効率な市場をつくり上げている、というのだ。それならば、その国民負担をすべて農家に補助金として、生産額に応じて「バラマキ」すれば、今以上の効率的な農業ができ、同時に行政サービスも軽減できる。

このような偉い識者のありがたきご託宣により、ベーシック・インカムは天下の正道とも思われがちな今日この頃ではあるのだが、現実的には原田型のベーシック・インカムには大きな欠陥がある。

その理由について、「行政サービスを代替・削減などできない」ことと「税負担の問題」の二側面から、見ていくことにしたい。

†生活保護は代替できない

まず、一般的な論者が何かとやり玉にする「生活保護」がベーシック・インカムで代替できるか考えていこう。

生活保護のうち、生計費を支給する部分には、前述の通り一・六兆円の予算がかかっているが、その標準的な給付額は月額一三万円だ。かなりの人数の人が、七万円では不足を訴えるだろう。結果、彼らには追加支給業務が発生する。それは今までの「審査」「支給」の作業がそのまま残る二重行政になる。

一部、生計費の受給が七万円以下の人たちもいる。そういう人はベーシック・インカムでもカバーできそうだが、彼らには、現行では別途に医療費が補助されている。その額は年間二兆円にもなるのだが、こうした医療費補助は削減できないから、けっきょく、その支給に際して所得・資産の審査が必要になる。ここまで考えると、行政サービスの削減余地は本当に小さくなるだろう。

こんな批判を想定してか、原田氏は同書中で、生活保護の医療費問題には、そもそも健康保険自体を新たなものに作り変え、負担を軽減すべきと、以下のような案を示す。

①終末治療を受けない
②無駄な延命治療を受けない
③無駄な治療を受けない（たとえばアメリカ医学学会が疑問を呈しているようながん検診・がん治療などを受けない）

こうして保険料が軽くなったとしても、生活保護を受けている人たちは、たった七万円のベーシック・インカムから、この保険料を支払えるのだろうか（現在は無料なのだが）。明らかに無理筋だとわかるだろう。

失業給付に関してもまったく同じだ。現在失業給付は月額二四万七五〇〇円が支給上限となっている。たった七万円のベーシック・インカムではやはりカバーなどできない。ちなみに、三〇歳勤続二年、残業代込みの月給二五万円で計算した場合でも、失業給付は月額約一六万円となる。「ベーシック・インカムで行政サービスを代替」など、とても正気の沙汰とは思えないだろう。

†月額七万円の中途半端さ

年金問題が騒がれる中で、ネットの一部で、ベーシック・インカムが救世主のように崇められているが、現実はあまりにも寒い。先述のように、現在年金は三階建て構造となっており、誰にも共通に支払われる一階部分（基礎年金）、給与所得者に支払われる二階部分（厚生年金・共済年金）、企業や一部公務員などが独自に加盟する三階部分（企業年金や職域加算、退職給付）からなる。

このうち、ベーシック・インカムで代替を想定するのは一階部分だけだ。拠出額でも積立準備額でも圧倒的に大きな二階や三階は、そのまま残存する。

けっきょく「月額七万円」という中途半端な額では、生保・失業・年金など現状の行政サービスを代替できず、二重行政が発生するだけなのだ。本当に行政サービスを撤廃できるレベルを考えるなら、「生活保護費の平均的な支給額である月額一三万円」を一つの目安にすべきだろう。

この額を国民一億二六七二万人に給付すると、年間一九七兆六八三二億円かかることになる。これでようやく「生活保護並みの生活」ができるが、原田氏が説く「給与原資から一律天引き」する形の所得税でこれをかき集めるとすると、税率は、なんと八〇％近くとなる。とてつもなく大きな国民負担だろう。

†支給と需給を調整すると膨大な作業

「いや、等価所得法を用いて世帯人数により支給額を調整すれば、ここまで費用はかからない」と、多少この領域に詳しい人からは反論が起こるかもしれないので、そのことにも触れておく。等価所得とは、世帯構成員が増えると、一人当たりの生計費は減っていくという考え方だ。

たとえば冷蔵庫や洗濯機などの家電を考えた場合、世帯構成員が増えても、必要数は変わらない場合が多い。食材にしてもスケールメリットが高まるため、四人世帯が単身世帯の四倍もかかりはしない。

こうしたことから、世帯人数増による生計費のコストダウンを調整するために、「等価所得」という考え方を用いる。日本の「所得再分配調査」で使われている等価所得の計算式は、「人数の平方根倍」となる。

たとえば、単身世帯の生計費を一とすると、二人世帯のそれは一・四一倍（二の平方根）、三人世帯は一・七三倍（三の平方根）、四人世帯は二倍（四の平方根）となる。この数式を使って、世帯構成によりベーシック・インカム支給額を調整すれば、その総額は一三〇兆円まで抑えられる。これでようやく、一律五〇%の所得税となる。それでも額は十分大きな国民負担だ。

いやちょっと待ってほしい。この等価所得法を用いるならば、世帯構成員をしっかり把握しなければならない。世帯構成は、各家庭ごとに独立・出産・死亡・離別などがあり毎年変わる。こうしたものを、全世帯くまなく毎年チェックして額を調整するというのは「とてつもない膨大な手間」となり、行政のスリム化など程遠い。そこまで手間がかかって、なおかつ、所得税率五〇%……。考えるだに、あほらしくなるだろう。

†中途半端なこけおどし

ここまでで、原田型ベーシック・インカムの問題点を整理すると以下のようになる。

①七万円という中途半端な額では、生保・年金・失業給付などの行政サービスはほぼスリム化できない

②行政サービスをスリム化できるほどの額(月額一三万円)では、所得税率八〇%にもなってしまう

とどのつまり、中途半端なこけおどしでしかない。それがまず一つ目の結論となる。

続いて、負担と利益のバランスについての問題を考えていこう。いったい、ベーシック・インカムでは誰が得をし、誰が損をするのか、という検証だ。

まず、月額七万円という中途半端な金額について、原田氏は、著書の中でこういったことを書いている。

「日本の生活保護は、審査が厳しすぎる。だから支給対象者が少ない。一方で、支給されている人の額は高い。もっと、審査は緩く、広く浅く支給すべきだ」。お得意先の「広く、バラマキ」論で、だから月七万円を国民全員に、という話になる。

そして貧困者の代表として非正規雇用者を挙げ、彼らの生活底上げをすべしと以下のように言う。

「すでに日本では労働者の四割が非正規となっている。これが格差の原因である。彼らにしっかりサポートするためには、ベーシック・インカム的な施策が必要だ」

この両方とも、現実とはかけ離れている。

†生活の底上げになるか

生活保護の実態について世界を見渡してみよう。原田氏のいう通り、日本の公的扶助は支給者ベースでみると給付水準が高い。しかし支給者の数が少ない。ここまでは正しい。ただ、もう一つ特徴がある。「日本は総額予算が少ない」のだ。対GDP比で見るとOECDの最下位群に位置している。この総額予算の問題を捨象した結論が、原田氏の説くベーシック・インカムだ。どういうことか説明しておこう。

他国でも日本同様に「労働困難な人」には高額な扶助が行われている。ただし、裾野が広く、「ある程度は労働が可能な人」にまで扶助がなされる。結果、欧米では扶助総額の予算が増えるが、一方、扶助されている人一人当たりの支給額が下がる。

もし、他国に合わせるのであれば、日本も扶助予算を増やし、より広く支給することが必要なのだ。いうならば、現状で高額を支給されている「労働困難な人」の給付を維持しながら、ベーシック・インカムを月七万支給するという方向を考えねばならない。

つまり、ベーシック・インカムを導入するならば、現行制度を代替するのではなく、追加的な施策とすべきだ。そう、やはり二重行政で、手間が増えるだけのこととなる。

続いて非正規の待遇底上げについてだ。こちらは、雇用データを子細に見る必要がある。現状、雇用者（就労者ではない）の四割にまで迫る非正規だが、その内訳がどうなっているか。二〇一八年の労働力調査からその数字を出しておく。

まず圧倒的に多いのが、主婦のパート、バイトとなる。二一二〇万人の非正規雇用の四割以上の九四三万人が主婦だった。次いで高齢者が多いが、高齢者の中には主婦が重複するのでそれを差引き、また男性と女性独身の六〇歳以上（定年再雇用者が非正規で六五歳まで働くケースが増えているため）を抽出すると四〇七万人。学生が一八三万人。ここまでで、一五三三万人となり、非正規全体の七割を超える。要は、非正規といってもその多くは、主婦・高齢者・学生なのだ。

彼らの多くは、配偶者や親権者の収入、もしくは年金など主たる世帯収入があり、また、その他支援策も受けている。たとえば、多くの主婦は、世帯ベースで配偶者控除・配偶者特別控除を受けており、さらに本人には社会保険免除（三号保険）の特典もある。学生も扶養家族控除や年金免除・猶予、健康保険は世帯主負担となっている。巷間訴えられるベーシック・インカムの必要性に、果たして彼らは合致しているのか。

一方、高齢者の非正規に関しては、ベーシック・インカムが基礎年金と相殺されてしまう。だからまったく底上げとならない。

また、主婦・高齢者・学生以外の非正規五〇〇万人弱の中には、障害や母子家庭、生活保護など別の給付を受けている人も少なからずいる。そうした人たちの「現状の給付」をなくし、ベーシック・インカムを支給することでは生活の底上げにならず、むしろ現状より「マイナス」となる人が多そうだ。

この他に、若年・壮年の未婚女性が三一〇万人いる。彼女たちの中には両親と同居しながら事務職などに就く人も少なくないだろう。彼女らも生活困窮とは言えない。こうして精査を重ねていくと、本当に生活底上げが必要なのに今は支援が薄いのは三〇〇万〜四〇〇万人程度は存在するだろう。何らかの事情で正社員になれず、生計維持が厳しい人たちだ。彼らこそ、本気で生活の底上げをされてしかるべきだろう。

こうした生活困窮者に的を絞るならば、支援策ももっと手厚くできる。しかし原田型では「一網打尽」形式の施策のため、不要なバラマキが起きる。それこそベーシック・インカムの根本的問題であり、そしてシカゴ学派やリバタリアンの「なべてバラまく」型の欠陥的行動様式だと指摘しておきたい。

精査して本当に必要な人に絞れば、手厚い支援が行える。それを生半可な概観把握により適当にばらまけば、不要な人に超過サービスとなるだけなのだ。

†金持ちと極端な貧困家庭だけが得をする

確かに、現在、年収ゼロの人は八四万円ももらえるようになる。ただし、年収ゼロのうち、何かしら問題を抱えて就労困難な人は、現在でも生活保護や年金などが支給されている。両者を秤にかけると、マイナスになる可能性が高い。対して、裕福な家庭で、仕事をする必要がない専業主婦などは大いに得をするだろう。

フルタイムで働く低所得者はどうか？

原田型のベーシック・インカムで各種控除が撤廃され、年額八四万円が支給される代わりに、労働報酬については一律三割の新所得税が徴収されると、年収二〇〇万円の人は、その差分は二四万円だが、年収二五〇万円だと九万円しかない。年収二八〇万円の人は、両者が相殺されて支給額はゼロとなり、そこから増収すれば税金を徴収されるようになる。単身者で考えると、三〇〇万円を超えたあたりから、現状よりも増税となる。

年収五〇〇万円の単身者では年間で五〇万円程度の損となり、七〇〇万円ではマイナスが一〇〇万円を超える。

単身の中間所得者にとっては大幅な増税であり、専業主婦は得をする。これでは「女性は家庭に入れ！」という流れが強化され、少子化社会での労働欠損が助長されるだろう。

他方、高額所得者にはこの税制下では大幅な減税になる。現在、年収四〇〇〇万円超の限界所得税率は四五％。年収一八〇〇万円超でも四〇％だ。

原田型のベーシック・インカムなら彼らも所得税は三〇％ですみ、さらに彼ら及びその世帯構成員にも年額八四万円もベーシック・インカムが支給される。こんなおかしな制度を日銀副総裁だった方が主張しているのはまったく理解に苦しむばかりだ。

†その正体は、中間所得層の大増税と行政サービス縮小

月七万円の一律支給と、労働報酬に網羅的に三〇％の所得税という言葉はまやかしである。その正体は以下の通りだ。

・所得税の規模を一三・九兆円から七七兆円へと、六三兆円も増税する
・その税負担を中間所得層に強いる
・一方で高所得者の負担は軽減する

けっきょく、日本の財政を成り立たせるには、大幅な増税をし、そのうえで行政サービスをスリム化するしかない。ただ増税は、高額所得者からいくら搾り取っても、その人数

自体が少ないために、総額はあまり上がらない。一番効果的なのは、ボリュームゾーンである中間層の税率を上げることだ。ただ、彼らは人数が多いだけに、選挙の得票を直撃する。だから、政治家が彼らに高負担を強いることは難しい。

こんな中で消費税を、負担感をあまり感じないように、月日をかけて少しずつ税率アップをしてきた。

ところがベーシック・インカムという隠れ蓑を使うと、一挙に六三兆円もの増税ができる。それも、苦戦していた中間層の負担増が、あっけなく成し遂げられる。それと同時に、行政サービスを再編して民生や公共事業を大幅に減らし、固定資産税の増税までも成し遂げられる。

それが原田型ベーシック・インカムの本意ではないか。とどのつまり超増税・サービス低減を知らないうちに実現するだけの話だろう。

そして、その六三兆円は必要もない人たちにもばらまかれる。今、実現可能といわれるベーシック・インカムとは、その程度のものでしかない。

第六章
昨今繰り広げられた、対立的な政治風景

年金制度の周辺では、今でもそれを政争の具にする動きが多々発生する。トリッキーな制度批判が、令和の時代になっても国政選挙で繰り広げられた。

「老後二〇〇〇万円問題」だ。そのあまりに稚拙な政争を、まず書いておく。ただし、「いちゃもん」にも近い一部政治家の動きは、マスコミこそ喜んで飛びついたが、選挙で票に結びつかなかった。

一方、社会保障の明日への第一歩として最良の芽が、安倍首相の政治手腕によりかき消されてしまうという問題も起きた。こども保険のことだ。何がどう残念だったのかについ

ても言及する。

1 常識に嚙みつく質の低い国会論戦

†恫喝、天つば、確信犯

老後に公的年金以外に二〇〇〇万円以上が必要――令和元年六月三日、金融審議会「市場ワーキング・グループ」がまとめた報告書にあったこの趣旨の記載が、またまた年金問題に火をつけた。折から、七月の参院選に併せて衆院を解散しW選挙が行われるのではないか、と騒がれていた中で、この報告書は野党からするとまさに、天の恵みでもあっただろう。

年金問題で再び与党攻撃を行い、野党共闘が難しいW選挙を阻止し、差し迫る参院選でも追い風を起こすために、「老後二〇〇〇万円問題」は連日国会答弁等をにぎわし、マスコミはそれを取り上げた。

以下、その主なものを見てみよう。

「まず謝れよ、国民に。申し訳ないと。一方で消費税を増税しておきながら、二〇〇〇万円とは、どう辻褄があうのですかね」(立憲民主党　辻元清美)

「私は、これだけ問題が起こった、(政府が)はっきり、ある意味では正直に認めたんですよ。毎月五万五〇〇〇円足りなくなると、三〇年間やったら二〇〇〇万円足りなくなると、だから貯金してくださいと！」「貯金せよではなくて、この貧しい年金制度をどうするかを考えるのが、政府の責任じゃないですか」「それを、この年金の実態をこのまま全部さらけ出しておいて、それで貯金をせよと。(中略)一〇〇年安心だと言ってたのが、いつの間にか人生一〇〇年の時代だから年金当てにするなと、自己責任で貯金せよと。「国家的詐欺」に等しいやり方ですよ！」(二〇一九年六月一〇日参院決算委員会、共産党　小池晃)

「その中身は国民の年金への不信と将来への不安を招くような衝撃的なものでした。夫が六五歳以上、妻が六〇歳以上の無職世帯が年金に頼って暮らす場合、毎月約五万円の赤字が出ると試算しています。その結果、夫婦の老後資金として「三〇年間で約二〇〇〇万円が必要」と報告書に盛り込まれました。しかも、原案では公的年金について「中長期的に

実質的な低下が見込まれている」と、表記されていました」（野田佳彦　前内閣総理大臣）

「年金の「一〇〇年安心プラン」はウソだったと決めつけるような議論には、違和感を覚えます。そもそも年金一〇〇年安心プランは、少子高齢化に合わせて年金を自動減額する仕組み（「マクロ経済スライド方式」）を導入し、年金の積立金が一〇〇年間は枯渇しないようにした改革なので、当然、年金額は減っていくように設計されています」「しかし前提条件が甘すぎたため、一〇〇年を待たずに枯渇しそうになっています」（国民民主党　玉木雄一郎）

しかし質が低い。低すぎる議論であり、これで「年金がもたない」「設計ミス」というのはあまりにも論点がずれすぎている。

以下、そのレベルの低さを説明していくことにしよう。

†過去から連綿と続く高齢世帯の赤字

金融審議会「市場ワーキング・グループ」のレポートは、内閣府統計局の二〇一七年家計調査をもとに作成されたものだ。その中で、平均的な高齢世帯（夫六五歳以上、妻六〇歳以上の無職世帯）の毎月の収支が五万五〇〇〇円の赤字、という数字をもとに、三〇年

図表18　高齢無職世帯の実収入及び実支出の推移（平成19～23年：総世帯）

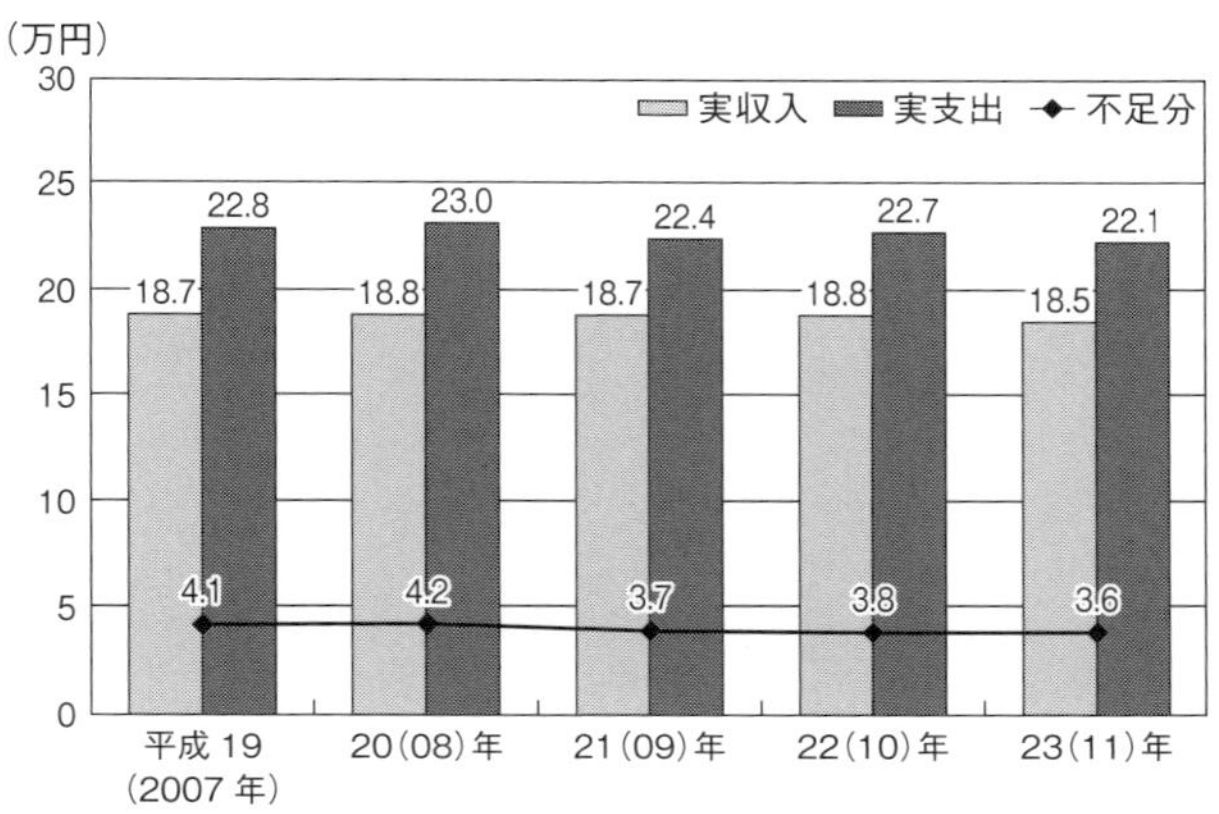

注）金額は表示単位に四捨五入してあるので、実収入と実支出の差額は必ずしも不足分とは一致しない。
総務省統計局「家計調査」より

間この状態が続くと「二〇〇〇万円が必要」とはじいている。

　ここですぐに気づいてほしい。これは今々の足元の数字なのだ。決して、将来年金が破綻して足りなくなるという話ではない。いや、過去からずっと、年金だけでは高齢者の生活は成り立たなかった。そのことは家計調査を通して総務省統計局がずっと公表し続けている。毎月およそ四万円程度の赤字となっているのがわかるだろう（図表18）。

　金融審議会のレポートでは毎月五・五万円のマイナスだから赤字幅が増えたのか、と早合点しないでほしい。図表18は「総世帯」のデータなので、「単身世帯」

を含んだ数字であり、その分赤字の数字も小さくなっているだけだ。単身世帯の家計収支では、金融審議会と同じ二〇一七年の総務省統計局データでも、毎月の赤字が四万七一五円で、旧来とほぼ同水準になっている。つまり、次第に高齢者の生活が苦しく追い詰められた、という話ではまったくなく、いつの時代でも平均的な高齢世帯は、年金だけでは生活費は賄えず、赤字だった、というのが正しいところだ。

こんな常識的なことに対して「まず謝れよ」という辻元氏の恫喝はひどい。「人生一〇〇年の時代だから年金当てにするなと、自己責任で貯金せよと」などと、誰も言っていないことで攻め立てる小池氏などはもう、確信犯なのだろう。

野田氏の発言は、恥を知れ、だ。彼こそ自民・民主・公明の三党合意で直近の「社会保障と税の一体改革」をまとめた当事者のはずだ。しかも図表18の通り、民主党政権下（二〇〇九年九月〜一二年一二月）でも高齢世帯の赤字はほぼ同水準だった。にもかかわらず、「年金への不信と将来への不安を招くような衝撃的なもの」などとどの面を下げて言えるのか。

唯一、玉木氏の発言は、一〇〇年安心について、それが人生ではなく、年金財政のことだと正確に理解をしているが、「前提条件が甘すぎたため、一〇〇年を待たずに枯渇しそう」と、まるで設計ミスであるかのようなミスリードをしている。

二〇〇四年の年金改革時の想定よりも、①出生率の回復は高い（好条件）、②積立金の運用が高い（好条件）、③給与の伸びは低い（悪条件）、④物価上昇率が低い（悪条件）、⑤カバー率の拡大（好条件）、と好条件三、悪条件二で、財政はほんのわずかながら好転しているのだ。

†生活保護は救貧、社会保険は防貧

さてさて、高齢世帯の赤字は過去から連綿と続く問題だということはわかった。ではなぜそのようなことになったのか。それこそ、年金制度の常識を書いておくことにしよう。

この機会に覚えてほしい言葉が三つある。「ミーンズテスト」「スティグマ」「ブースト機能」だ。

この三語を理解すると、年金だけで生活が成り立たない理由も、基礎年金が平均的な生活保護支給額より劣る理由もわかる。逆に言うと「年金だけで生活が成り立つべきだ」「基礎年金が生活保護よりも支給額が劣るのはおかしい」という言説が、いかに不毛なことかも腑に落ちるはずだ。

まず、年金などの社会保険と生活保護はそもそもの目的が異なる。

生活保護は、就労困難で苦境に陥った人々を救うための「救貧」の措置だ。一方、社会保険は現状、生活維持が可能なレベルに就労ができている人たちが、病気や怪我や失業や老齢などにより、就労困難になった時に備える「防貧」のためのものだ。

救貧目的であれば、必要とされる生活費や医療費を支給しなければならない。そのため給付額は大きくなるが、代わりに「本当に就労困難なのか」「保有する資産を切り崩して生活できないのか」といった所得・資産調査が徹底的になされる。これを「ミーンズテスト」という。つまり、支給までにミーンズテストという高い壁がそびえ、それを乗り越えた人は、「就労困難かつ資産のない貧困者」というスティグマ（烙印）を押されたことになる。結果、この制度を活用すると心に大きな傷が残る。

一方、社会保険の方は、働いている人たちが、働けなくなった人たちに手を差し伸べる仕組みだ。それは、正常に働けている時に負担をすることにより、自分が働けなくなった時に、手を差し伸べてもらう「権利」を得るという互助会のような仕組みと考えればよいだろう。ちゃんとした権利を持っているのだから、ミーンズテストなど受ける必要はなく、心にスティグマが残ることもない。当然、資産のチェックなどもされない。ただし、正常に働いている人に過重な負担を押しつけるわけにはいかないから、保障される金額もそこそこのレベルにとどまる。

整理しておけば、ミーンズテスト有りで、支給の壁が高く、心にスティグマを負うのが生活保護であり、その分、生計費全般をまかなうため支給額も高い。一方、ミーンズテストもスティグマも無縁で簡単に支給されるのが年金であり、多くの資産を有していても支給される。その分、支給額もそこそこになり、それでは生計費全体をまかなうことができない。だから年金はあくまでも高齢世帯の生活の下支えであり、それに加え就労や資産取り崩しを交えて生計を成り立たせる、という性格を持つ。このことを「年金は、高齢者の生活に対するブースト機能（生活を底上げするという意味）」と呼ぶ。

ここまでわかっていたら、「老後に二〇〇〇万円の貯蓄が必要」という話など、当たり前のことでまったく問題にはならなかったろう。

†同じ論戦は一五年前の国会でも繰り広げられた

過去に政府与党は「年金だけで生活が成り立つ」という言葉を発したことがあったのか、それとも「年金だけでは足りない」だったのか、ざっと振り返っておく。

一九八四年、郵政省の試算では、当時は六〇歳定年で平均余命からすると一九年ほどの余生を送ることになるが、その間の出費は五八八五万円、厚生年金支給額が概算で三二六五万円なので、不足額が二六一九万円となっている。現在よりも定年が五歳、平均余命も五歳ほど短かったから、年金生活期間は今と同じ長さだが、そこで示された数字は、今回の報告よりも厳しい。

この発表があった時、当時自民党議員だった松岡満壽男氏は、旧労働省の官僚に以下のように質問している。

「六〇歳以上の方で二〇〇〇万ぐらい、要するに預金をしておきたいと。しかし、実際(の預金額は)八〇〇万だという。その二〇〇〇万がたまたま不足額に、だいたい一九年間生きるとして、なってきておるんですね。そうすると、やはり年金だけでやっていくというのは非常に難しい。そのために預金をしておるという現実があるのか、どうなのかよくわかりませんけれども、少なくともそういうデータが出ているようなんですが、我が国の年金のレベルというものが一体どうなんだろうか」(一九八四年四月二五日参院国民生活・経済に関する調査特別委員会高齢化社会検討小委員会)

続いて二〇〇四年、件の「一〇〇年安心プラン」(何度も言うが政府はこの名称を公式に使用していない）発表時を見てみよう。以下は当時の首相、小泉純一郎氏が、老後二〇〇〇万円問題でも登場した共産党の小池晃氏の「公的年金の水準をここまで引き下げてどうやって生きていけと総理おっしゃるんですか」との質問への答弁だ。

「公的年金だけで全部生活費を見るということとは違うと思うんですね。大きな柱の一つになってきているというのは事実でありますが、そのほかに日ごろの備えをしていかなきゃならないという点もあるでしょう」（二〇〇四年五月三一日参院決算委員会）

対して小池氏はこんな返しをする。

「公的年金だけで生きていけないというのであれば、一〇〇年安心の年金制度などという看板はでたらめじゃないですか」

小泉氏はさらにこう答えた。

「公的年金ですべて生活できる人も一部にはいるでしょう。しかし、公的年金以外に自分の蓄えているものもあるでしょう。そして、なおかつ生活保護制度というのもあります。いろいろな組合せです」

どうだろう。このやり取りの一方の当事者である小池氏は、上記のように一五年前にはっきりケリのついた問題を、今更ながらに持ち出していたのだ。本章の冒頭で小池氏の発言を引いた私が「確信犯」と書いたのは、こうした事情があったからだ。女優出身の某代議士ではないが「恥を知りなさい」と言いたくなる一幕だった。

2 こども保険は、社会保障正常化への第一歩になるはずだった

†合理的選択としての少子化

とかく政治において、年金は与党批判の道具とされ続けてきた中で、近年、極めて刮目に値する動きが一つあった。衆議院議員の小泉進次郎氏などが提唱した「こども保険」だ。社会保障の継続性を考えるうえでは、保険料を支払う人の数と、年金を受け取る人の数のバランスが第一に重要だ。少子高齢化が進行する中では、高齢者も働くことや、パート主婦など短時間労働者にも厚生年金の加入を義務づけることなどで、「保険料を払う人」を増やすことが一つの方策となる。社会全体としてはそちらへと着実に歩を進めている。

ただ、そう遠くない将来に、高齢者の労働参加率はピークに達するだろうし、また短時

間労働者への厚生年金もほぼカバーする状態になるだろう。それまでの間に本当にやらなければならないことは何か？　まさか、「長寿化をとめて早死を強要する」などということはできまい。とすると、やるべきことは、ストップ・ザ・少子化しかない。

ではなぜ、少子化がこれほどまでに進むのか。

スウェーデンに高福祉を根づかせたグンナル・ミュルダールという経済学者の言説が明快だ。昔は、どこの国も多死多産社会だった。その理由の一つには、乳幼児死亡率が高かったことがあるだろう。だが、乳幼児期の危険年齢を超えた子供がいても、まだ子供を生む家庭も多かったので、それだけが理由とはいえない。

ミュルダールは経済的合理性からそれを説明している。

子供の学齢は短く、幼いうちから家事育児の手伝いをし、さらに早く就職をした。学齢期が短いことで、そもそも子育て費用が少なく、しかも学齢中にも家事育児の手伝いなどの便益も期待できるため、差引きした子育てコストはかなり低かった。

それに対して、老後は社会保障が整っていないために、子どもたちからの仕送りを始めとした支援を受けない限り、生活は成り立たない。つまり、子供を持つことで発生するコストは少なく、子どもから受け取る便益が大きい社会だった。故に、合理的選択として出生率が高まったのだ。

この構図がやがて社会保障の普及・発展、そして高学歴化とともに崩れていく。学齢期間は伸び、その間は学業重視で家事育児への参加も滞る。一方、就職後は核家族化して暮らし、老後は社会保障により子供の仕送りに頼らないで暮らせるようになる。結果、コストと便益の逆転が起き、少子化が進むというのだ。

この状況を打破するには、子育てコストと便益の関係をリバランスするしかない。選択肢は、「社会保障を削減して老後は子供に頼る社会にする」か、もしくは「子育てコストを公的に支援して低減させる」の二つだが、前者はむろんありえない。当然、後者が取るべき施策となる。

社会動態の変化にいち早く気づいたミュルダールがこの持論を広め、スウェーデンはいち早く、子育て支援を政策に取り入れた。

†こども保険が目指したもの

小泉進次郎氏などが進めたこども保険は、このミュルダールのロジックに適う内容だった。彼は「二〇二〇年以降の経済財政構想小委員会（二〇一六年）」で同構想を打ち上げ、その仕組みの完成をめざして「人生一〇〇年時代の制度設計特命委員会」で研究を重ね、中間報告した。

・財源は社会保険方式で

・保険料は労使それぞれ雇用者の基準報酬の〇・一～〇・五％

・事業規模は総額で三四〇〇億円～三・四兆円

という、社会保障費（一二〇兆円）や国家予算（一〇一兆円）の規模からすれば誠につましいものだった。料率や事業規模に幅があるのは、以下のように、様々な実施規模を想定していたからだ。

①児童手当の上乗せ（ ）内は財源規模

（案1）月五〇〇〇円（三四〇〇億円）

（案2）月二万五〇〇〇円（一兆九五〇〇億円）

②幼・保教育の無償化

（案1）〇～二歳児（四四〇〇億円）

（案2）三～五歳児（七三〇〇億円）

③保育の受け皿拡大＝待機児童対策

・一〇〇〇億円〜

ただ、構想途上で内容がリークされるたびに、反対意見が多数寄せられた。保険という名称で、なおかつ、その徴収法は社会保険料に上乗せするという形を想定したため、応益者負担の原則に反するという忌避感が生じ、それが小さいながらも各所で反対の声を芽生えさせていた。同時に、高収入世帯への一律給付では、同様な仕組みだった旧民主党政権の子ども手当を、かつて野党だった自民党が批判していたという矛盾も指摘される。

「保険という名称はおかしい。誰にでも起きうるアクシデントのリスク軽減策ではないのだから」「なぜ、独身もしくは子供のいない家庭の人まで負担をする必要があるのか」「子育てを終わった世帯は、二重出費となる」「企業側も負担する理由がわからない」「高収入世帯へも児童手当が拡充される理由がわからない」

こうした批判に小泉氏は逐一反論しながら、「たった〇・一％、二〜三〇〇円の負担で社会が変わる」と小さく始める方向で道を切り開こうとした。

その矢先、事態は急変する。

†政府が「全世代向け社会保障」策定

二〇一七年九月二八日、安倍首相は衆議院を解散して総選挙に打って出た。解散理由の一つとして、「消費税の使途変更」が入った。趣旨は、当初、国債の償還、つまり政府の借金返済に使う予定だった七兆円を三兆円まで大幅減額し、余資を新たな政策に振り向ける、ということだ。この中には、一・七兆円の「人づくり革命」予算も含まれた。

この一・七兆円をもとに、高校無償化、低所得世帯の子供の大学授業料支援、そして、こども保険の②幼・保教育の無償化（三〜五歳の全員と、〇〜二歳の低所得世帯）、③保育の受け皿拡大＝待機児童対策が、すっぽり呑み込まれていた。こうして安倍首相は、人づくり革命という名で、現役世代への保障を拡充する「全世代向け社会保障」をあっという間につくり上げてしまう。

大向こう受けのする政策をさっと取り込み、しかも批判の多かった「負担」および「給付」という問題部分はきれいに取り除き、反対意見のない形で、選挙目的化してしまう。この首相の老獪さには、小泉氏も、もう笑うしかなかったろう。無念ではあっただろうが、政治技量を学ぶという意味で、それはほろ苦い授業料だったといえるかもしれない。

†こども保険の失敗はあとあと悔やまれることになる

ただ、この一件は社会保障政策や年金財政を考えるうえで茨の道の第一歩だった可能性が大きい。今後、こども保険領域のサービスを拡充していくたびに財源問題がつきまとうことになるからだ。

今回の人づくり革命は、国債の償還を減らして、予算をこちらに振り向けたので、けっきょくは、赤字国債で賄ったのと同じことになる。こども保険の構想過程でも「子育ては将来への投資なのだから、国債で負担すべき」という意見は多かったが、あえてそちらに舵を切ったことになる。

結果、二つの問題が提起される。第一に、将来世代の負担が増して行くこと。今回使った「将来への投資」という言葉は汎用性が高いため、今後どのような事業もその名目で国債を財源にできてしまい、歳出増に拍車がかかる危険があるのだ。そしてもう一つは、国債が安定的に発行できない金利の上昇時、これらの政策は行き詰まってしまうことが挙げられる。

国債でないなら、「全額税方式で財源をまかなうべき」という意見も少なくなかった。

ただ、その選択肢はありえない。

まず所得税では「目的税」ではないので特定財源となりえないこと。一方、消費税は目的税化しやすいが、その増税は政治問題化するため、なかなか法案が通らないこと。なにせ、5％から8％に上げるだけで一七年かかった。

対して、社会保険方式なら、料率アップは比較的簡単にできる。この方式で小さく始めて用途拡大とともに徐々に大きくする、というのが将来を見据えたうえで一番、合理的だと言えただろう。だから小泉氏は当面三四〇〇億円の最小パッケージで始めることを念頭に、「たった〇・一％、二〇〇〜三〇〇円」と力説していたのだ。これは理にかなっていた。

保険という名称がおかしいという原理原則論者たちへの反論としては、「現在の社会保険の中にも、用途として保険とは言えない事業が多々ある」ことをまずは伝えておく。たとえば、出産一時金、育児休業給付、自己都合退職時の失業給付、教育訓練給付金などがそれにあたる。ここは、保険という字面にとらわれず、よりよき明日をつくるための互助会費と考えてもらいたいものだ。

子どもがいない人たちでも、その将来の年金・医療・介護は誰が払うのか、そこに目を向けてほしい。「こども保険」という名称であったとしても、あくまでも「自分の将来」のために支払っているのだ。それでも納得が得られないなら、こども保険の適用を拡大し、未婚・子供なしの人向けや、子育てを卒業した人にもサービスを提供すればいい。

たとえば、不妊治療への支援、健康診断時の不妊傾向検査、結婚相談所や出会いマッチングサイトなどでの婚活費用、さらには、(子どもがいない世帯が主となる) 孤独老人対策など、いくらでもウイングは広げられるだろう。

そこまで受益者が増えれば、この仕組みの有用性も認識され、たとえば介護保険のように反対する人は少数になる。それと同時に料率をジリジリ上げて、標準報酬の四% (労使折半) 程度にまで持っていくのが理想形ではなかったか。それこそ、全世代対応の社会保障への道筋となる。

ここまでやったとしても、日本の社会保障の「現役世代向け給付」は、まだ国際水準には追いついていない。同時に、日本人の国民負担率 (税金と社会保険料の合計) も、先進国の標準レベルよりやや下といったところだろう。

終章　もっと本気で高負担社会

終章　もっと本気で高負担社会

本書で伝えたかったことは何か。けっきょく日本人は、誰かを悪者にすることで、高齢化社会で必要となる負担から目をそらし続けてきた。そんな気持ちがあるから、あやふやな甘言にひっかかり、痛い思いを繰り返してもきた。

「基礎年金は全額税負担で無料化する」「二〇〇兆円規模の特別会計を精査すれば、新たな財源が確保できる」「賦課方式をやめて積立方式に変更し、年金を再設計する」「まずは政府の無駄遣いを徹底的に洗い出し、増税はそれからだ」

……こうした数々の「国民を騙した甘言」を振り返って欲しい。世の中には「フリーランチ」などないのだ。おいしい食事を食べたいのなら、当然、その分、財布からお金は出ていく。

年金制度については、マスコミ報道がどうもことの本質を伝えておらず、悪い方向へ民意を動かしているきらいがある。現在の本当の状況はどうなっているのか。年金・社会保障の第一人者である慶應義塾大学商学部教授の権丈善一氏にインタビューを試みた。

†高齢者にばかりにサービスしすぎか

――世代間格差を煽るような人たちが、しきりに「日本は高齢者に対してサービスをしすぎだ」と騒ぎますが、実際、世界的に見てどうなのでしょうか。

権丈（以下同）「そうした話って、次の図（図表19）なんかを根拠にそう言う人がいたりします。この図でいうOECD基準の「社会支出」というのは、ILO（国際労働機関）基準の「社会保障給付費」とほぼ同じ意味。日本は高齢者向けが約四七・九%とほぼ半分で、他国を引き離して圧倒的に大きい。

でも、次のデータ（図表20）を見てください。やはりOECDのつくったものなので、GDP比で見た社会支出の費目別割合なのですが、これで見ると日本の「高齢者向け支出」はフランスよりも少なく、ドイツ並みとなります。ただ、このデータには介護費用も含まれています。介護費用って、現役世代の介護負担を軽減するためのものでもあるのだ

図表19　政策分野別社会支出の構成割合の国際比較（単位%）

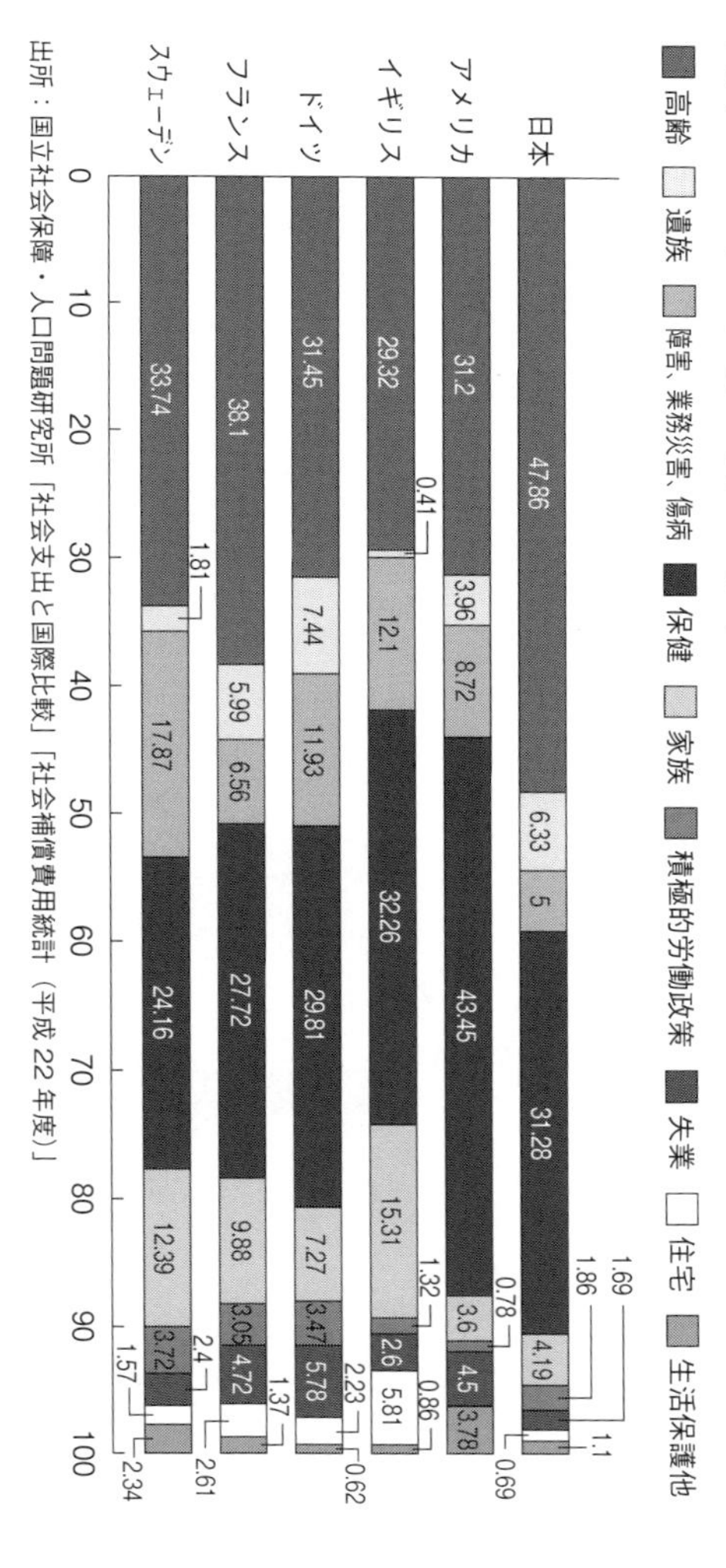

出所：国立社会保障・人口問題研究所「社会支出と国際比較」「社会補償費用統計（平成22年度）」

図表20　社会支出の対GDP比の国際比較（2010年）

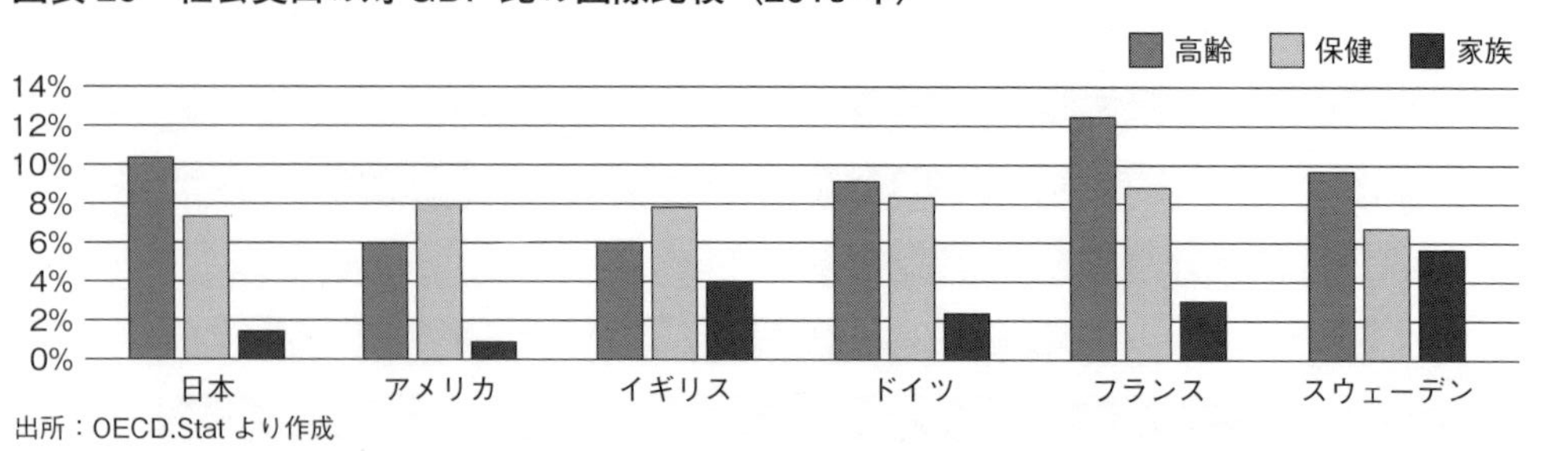

出所：OECD.Statより作成

から、全部を高齢者向け支出にするのはおかしいですよね。それはさておき、同じ図表20の中にある保健支出は先進各国よりも日本は低め、家族向け支出に関しては、アメリカと並んで極端に少ないというのがわかります」

——そうか、高齢者支出の割合が高いという最初のデータは、GDP比で見れば、高齢者向けが多いのではなく、他の社会支出が少なすぎるから、そう見えているわけですね。

「いいところに気づきましたね。そしてもう一つ考えなければならないのが、各国の人口に占める高齢者の割合（高齢者比率）ですね。高齢者が多ければ、一人一人に贅沢な保障をしていなくとも、高齢者向け支出は増えて当たり前です。この高齢者比率と高齢給付費の関係を示すのが、次の図（図表21）。こちらで見ると日本の高齢者比率は二三％で、他

図表21　65歳以上人口比率と高齢給付金の対GDP比（2010年）

高齢給付費の対GDP比

14%
12%
10%
8%
6%
4%
2%
0%

5%　7%　9%　11%　13%　15%　17%　19%　21%　23%

イタリア
オーストリア
フランス
ギリシャ
日本
スウェーデン
ドイツ
アメリカ
イギリス

65歳以上人口比率

出所：OECD.Statより作成

のOECD諸国を引き離してダントツです。でも、高齢給付費の対GDP比は、イタリアやオーストリア、フランス、ギリシャには遠く及びません」

†悪いタイミングでバブル崩壊が起きてしまった

――とすると、高齢者向けの社会保障費は減らすどころかまだ増やさなければならず、家族向けや保健費はさらにもっともっと伸ばさねばならない、ということになりますね。

「まさに、その通り！　次の図（図表22）を見てください。これは、OECD各国の国民負担率（GDPに占める税金と社会保障費の比率）を比較したものです。このデータで見ても、日本は下から七番目と下位です。ただ、これも高齢者比率とのバランスで見ないといけません。高齢者が増えれば、社会保障費も当然増える。そこまで考えて、比較したものが、図表23となります。日本と同等以下の国民負担率の国々は、高齢化率がとても低く、六〜一三％程度となっています。前述した通り、高齢化比率が二三％で突出して高い日本が、彼らと同じような国民負担率なのは異常とさえいえるでしょう」

――つまり、日本は欧州諸国と異なり、高齢化比率に見合うように国民負担率を上げてこなかったということですね。

「その状況がわかるのが図表23です。日本も一九九〇年までは高齢化比率と国民負担率が歩調を合わせて上昇してきました。ちょうどこの前年に出生率が戦後最低（丙午年の一九六六年は慣習上出産を避ける風習があり、実際、出生率一・五八と低かった）の一・五七となり、少子化対策の推進が叫ばれ始めた年だったのです。ところがその翌年の一九九一年にバブルが崩壊し、日本経済は元気をなくしてしまう。それから少子高齢化が進むものの、国民負担率は上げられない、という状態が続いているのです」

図表22　GDP比国民負担率の国際比較（2011年）

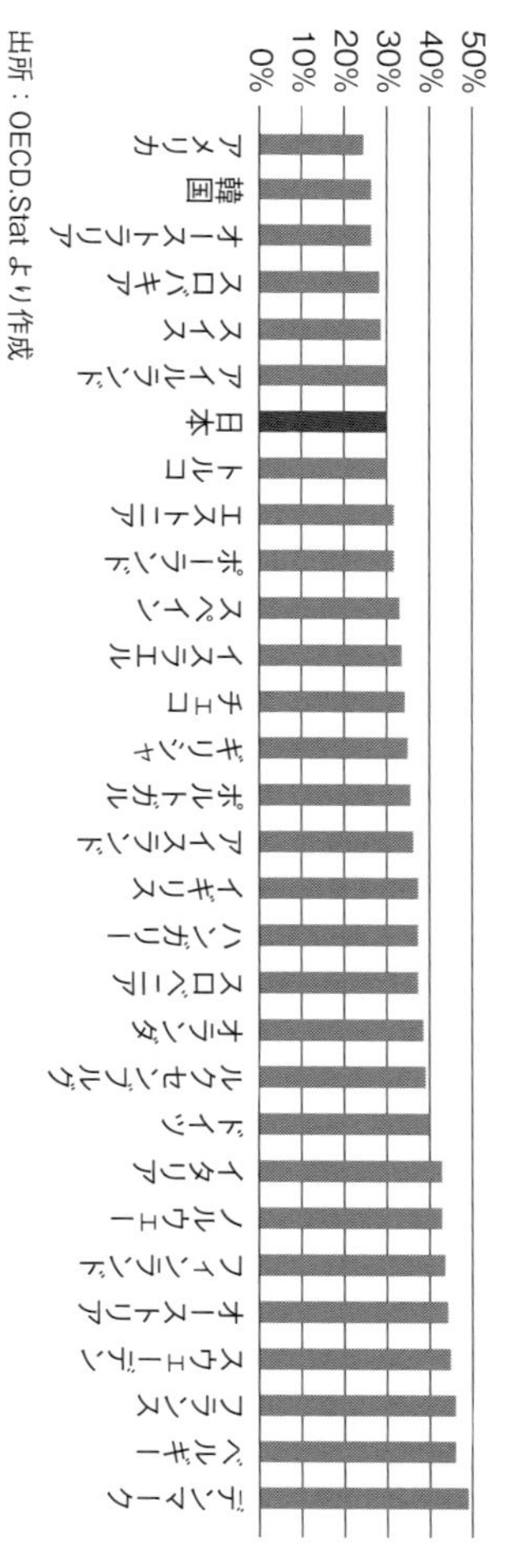

出所：OECD.Stat より作成

図表 23　65 歳以上人口比率と国民負担率（2009 年）

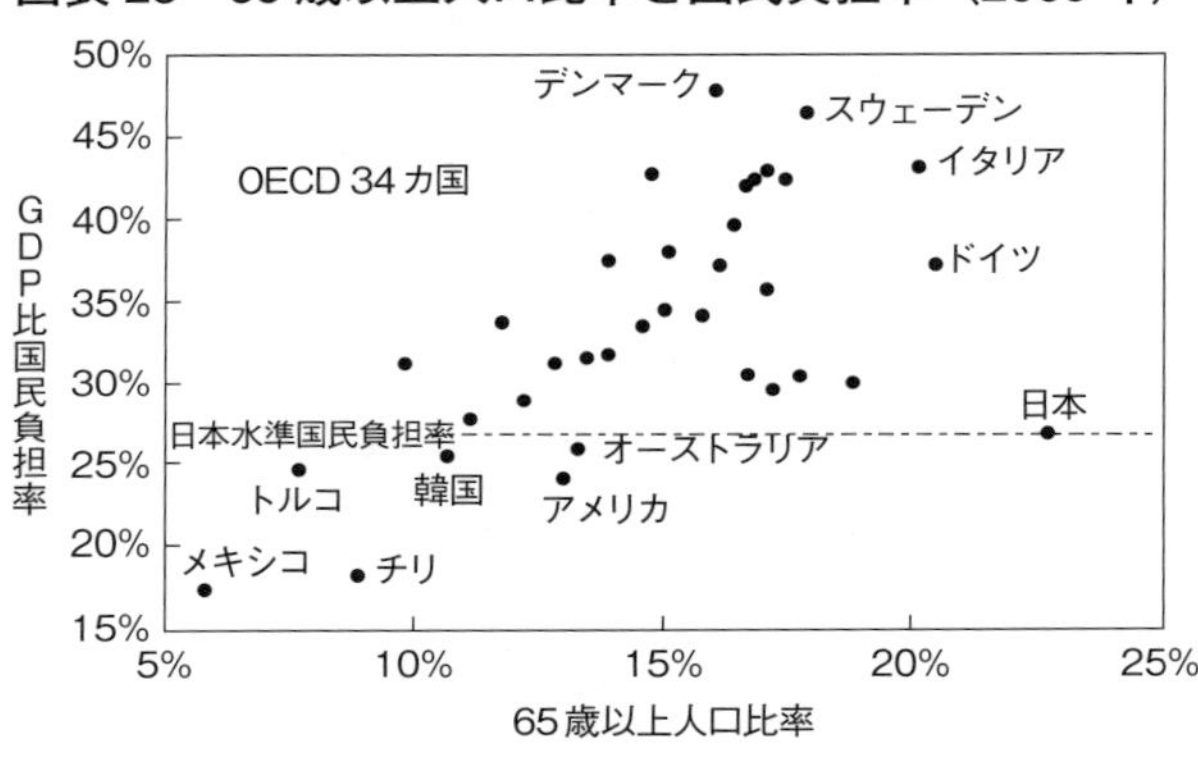

†国民負担率の低さを赤字国債でしのぐ

——ただ、日本で税金を上げようとすると、すぐに、まだまだ無駄を削減すれば増税の必要はない、という話が出てきます。

「その魔法の言葉は、大平内閣のころからずっとですよね。臨調（臨時調整委員会）の会長だった土光敏夫さんが「増税なき財政改革」という言葉を掲げて以来、日本にはたくさんの公務員がいて、無駄をし続けているイメージがあります。だけど、日本の公務員数は労働人口当たりで比較すると、図表24の通り、ＯＥＣＤの中で最も少ない国となっています」

——これは極端に少ないですね。なのに歳入・歳出バランスはとれず、赤字国債を発行し続けています。

これは……。

「そういう意味で、やはり国民負担率が低すぎるといえるでしょう。中福祉であれば中負担が当たり前、低負担なら低福祉になる。国の財政ポジションは図表25に示した、関数内の楕円形部分が、政策の実行可能領域となるわけです。日本の場合、この領域より大きく左上に位置している。そのため、その乖離分を赤字国債で補っていかざるを得ません」

——それが長年続くと、国は持たないのではありませんか？

図表24　労働力人口に占める一般政府職員、公的企業職員の割合

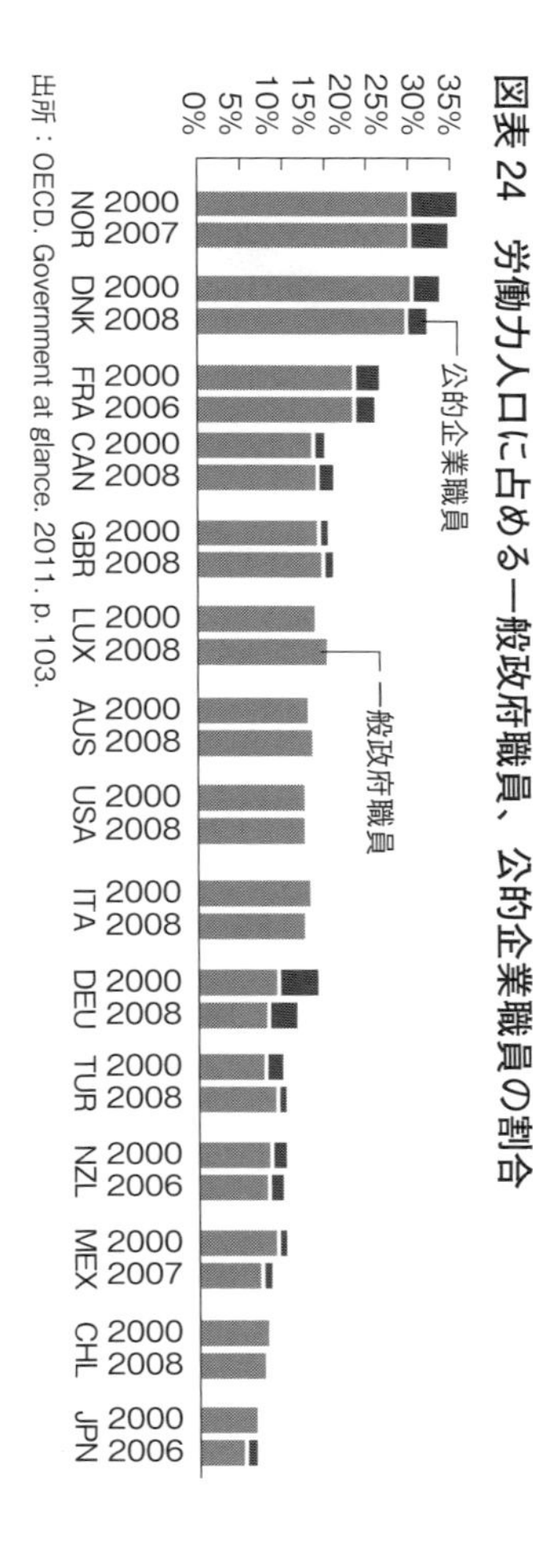

出所：OECD. Government at glance. 2011. p. 103.

図表25　日本の財政ポジションはどこ？

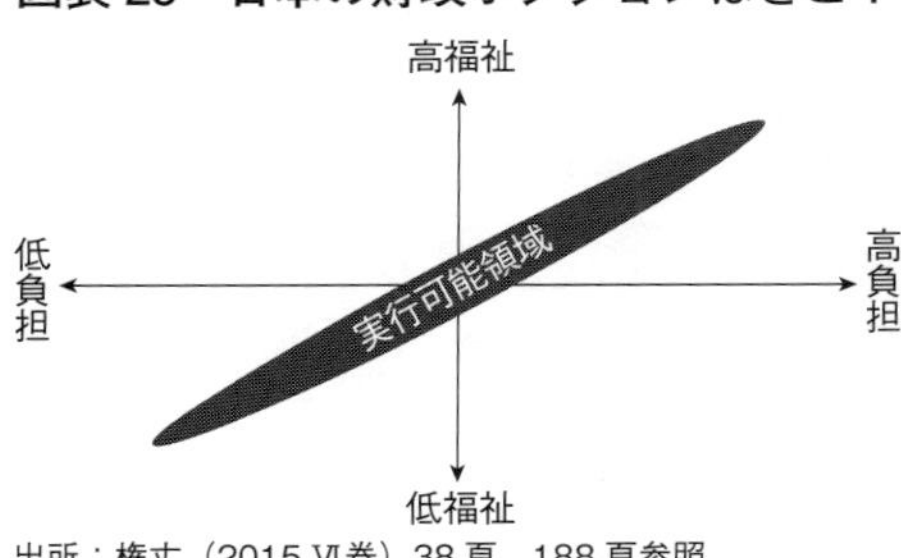

出所：権丈（2015 Ⅵ巻）38頁、188頁参照

「すでに相当の危険領域まできているでしょう。戦前、戦費調達のために戦時国債を乱発したため、政府債務残高の対GDPの比率が急上昇し、それがハイパーインフレを引き起こしました。現状は、対GDP比でみる限り、この当時よりも国家財政は傷んでいる。このツケが後世の人たちに回されることになる、つまり図表25の政策の実行可能領域は日々東南方向にシフトしています。

僕は「給付先行型福祉国家」と呼んでいるのですが、給付を先行させ、赤字国債でまかなってきた国の運営は政治的には至難の技です。ものすごく議論を簡略化して言いますが、給付を先行させるとどんどん国債が積上がっていきます。積上がった国債には国債費（利払費と償還費）を支払う必要があるため、負担が同じままだと福祉の給付に使える部分が少なくなっていきます。これを続けていくと後で造成して負担を高めても、高負担でせいぜい中福祉、中負担なら低福祉が関の山になってしまうわけです。その間に金利が上がれば国債費は上がりますから、悪くすると、高負担でも低福祉になりかねません。つまり、増税を後ろ倒ししていくと、増税しても財政再建に回さなければならない分が増えて、社会保障にまわされなくなっていく。だから、増税は早ければ早いほど望ましい。

ただ、増税できたとしても、今度は困ったことになります。増税の相当部分は財政再建に回さなければならないため、増税分すべてを社会保障給付に使うことはできません。普通の人は財政事情のことなどわかりませんから、すぐ「増税するのに、なぜ社会保障が増えないんだ」と怒り始めます。

けっきょく、時間が経てば経つほど、社会保障の取り分が少なくなり、国民の不満が出やすくなります。まさに、今も起こっていることだし、これからの日本では深刻さが増しそうなことです。いったん給付先行型になったものを、はたしてこの国で元に戻せるのか、皆さんには、そこのところをよく考えてほしいですね。

世代間格差を大きな声で言う人たちも、もっとこちらに注意を向けた方が生産的だと思います。贅沢もしていない水準なのに、今の高齢者向け福祉に対して、「ずるい」というのはやめにした方がいい。高齢者だ勤労者だ若者だと、なんだかんだと言うのは、いまどき、あんまりかっこいい話ではないと思いますよ。みんな年をとって高齢者になるんだから。自分が年をとっても、悲しい余生とならなくてもすむように、今の若い人たちと高齢者が話し合いながら折り合いをつけていった方が良いと思う。

そんなことよりも、国民負担率がずっと低かったため、膨大な赤字が生まれ、今後その負担を後世に背負わせる。そちらの方が問題です。世代間で問題にすべきは、「給付の不公平」ではなく、「負担の不公平」でしょう」

†微動だにしない税率、柔軟で可変な社会保険料率

――この、あるべき水準よりもずいぶん低い国民負担率を上げていくために、何か方法はあるのでしょうか。

「国民負担率は、税金と社会保険料から成り立っています。そのうち、税金部分については、法人税と所得税は景況で大きく税収が左右されてしまいます。一方、安定的な消費税については、税率を上げるのにとても時間がかかる。五％から八％になるのに一七年もかかりました。一〇％にするのも当初一五年一〇月からだったのが一七年四月に延期され、「再延期はしない」という約束だったのに、それがさらに一九年一〇月まで伸びました。つまり、この国では税率というのは本当に硬直的で、なかなか上げることができません。

一方、社会保険料に関しては、小幅ながら、スムーズにアップしてきました」

――本書中（五八頁）で触れたのですが、五〇年で四七回もアップさせてきたのですね。

「そう、社会保障の財源を考える場合も、すべて税金にすれば無年金者や無保険者がいなくなり、制度の普遍性が高くなります。ただ、税金はなかなか上げることができず、所得税や法人税は増減するので、安定性は低くなります。一方、社会保険料は安定的に徴収できますし、その料率アップも比較的容易です。これだけ増税の実現が難しいお国柄では、次善の策としてしばらくの間、社会保険ベースで国民負担率を上げて、速やかにとりかかるべき重要施策を開始するしかない。

そうした意味で、小泉進次郎議員たちが提唱していた「こども保険」が、財源を公的年金保険に求めるのは理にかなった案だといえるのではないでしょうか。僕は、年金の他に医療保険も介護保険も、そして雇用保険も子育て支援の仲間に入れて、子育て支援連帯基金をつくってもらいたいと言ってるんですけどね（笑）」

――税金ではなく社会保険でいく。その方が話が早い。そして、明日の現役世代をしっかりと育てることが、将来の給付水準を引上げ、そして医療、介護、年金をはじめとした社会保障を維持することにつながる。おっしゃる通り、すべて合理的ですね。ところが、進次郎型こども保険が

現役世代へのサービス拡充で、つまり新たな集票ツールになると気づいた政権は、それを「消費税と財界の篤志」でまかなうと決めてしまいました。

「消費税から捻出と言っても、使途が赤字国債の発行額を減らすのに予定されていた部分を流用するのですから、すなわち赤字国債の発行と同じですね。

僕は、初めて世に問うた本の出だしに、「政策は、所詮、力が作るのであって正しさが作るのではない」と書いていました。あれから二〇年近く経ちますが、その思いはますます強まっています。小泉進次郎さんたち「二〇二〇年以降の経済財政構想小委員会」の若い政治家たちは、子育て支援を行うために国民に負担を求めたいと、正しいことを言い、それを広くみんなにわかってもらうために、寸暇を惜しんで人に会いに出かけて説得をしていました。

政策は、力が作るのであって正しさが作るのではないんです。そうした彼らの地道な努力で作り上げられていた流れを横取りされて、財源の面では赤字国債に逃げられた。だから、いずれは正しさが力を持つことができるように、僕なんかよりもはるかに有名人の海老原さんたちが（笑）、しっかりと正確な情報を発信して、健全な世論を地道に作っていってもらいたい。応援しています」

最後の一文は海老原本人には過分な言葉ですが、権丈氏一流のウィットと激励と受け止め、氏の希望通りに原文を残させていただきました。

権丈善一（けんじょう・よしかず）
慶應義塾大学商学部教授。博士（商学）。一九六二年福岡県生まれ。一九八五年慶應義塾大学商学部卒業、一九九〇年同大学大学院商学研究科博士課程修了。二〇〇二年より現職。この間、一九九六年〜一九九八年ケンブリッジ大学経済学部訪問研究員、二〇〇五年ケンブリッジ大学ダウニングカレッジ訪問研究員。公務では、社会保障審議会、社会保障国民会議、社会保障制度改革国民会議、社会保障制度改革推進会議の委員や社会保障の教育推進に関する検討会の座長などを務める。主著に『ちょっと気になる医療と介護　増補版』（二〇一八）『ちょっと気になる社会保障　増補版』（二〇一七）『年金、民主主義、経済学——再分配政策の政治経済学Ⅶ』（二〇一五）『医療介護の一体改革と財政——再分配政策の政治経済学Ⅵ』（二〇一五）他、再分配政策の政治経済学Ⅰ〜Ⅴ等。

おわりに　空気と水と平和と福祉

序章の最後に、「――年金問題の根源は、「日本人の心にある」。本書読了後に再度、この言葉の意味を考えていただけると幸いだ」と書いた意味をわかってもらえただろうか。日本人は公共心が強い。社会や会社に忠誠を誓う。ただ、その分、当然、社会や会社もその見返りをくれてしかるべきだと考える。だから得てして、公共に対してその対価を支払うことを忘れがちだ。年金問題もそれが根源にあるのではないか、ということだ。

終章の権丈先生へのインタビューが本書趣旨を代弁している。日本は社会保障費が少ない。高齢化を考えればその規模はあり得ないほどに小さい。本来ならもっと国民負担率を上げるべきだ。ただ、たかだか消費税を三％上げるだけで一七年もかかった。欧米なら二〇％を超える国が多々ある。高福祉なら高負担が当たり前なのだ。

そう、「ない袖は振れない」にもかかわらず、すねかじりをやめない。その結果が、赤字国債となりツケがたまっていく。こう書くと、「いや、欧米のようにしっかり給付に回してもらえるなら税率をアップしてもいい。その保障がないから、増税が嫌なのだ」という、よくある正論を語る人が出る。

それなら、消費税を福祉目的税にすればよいだろう。一九九四年の国民福祉税構想はまさにその通りの提案であるし、二〇一四年の消費税率アップ（五％から八％）のときも、基礎年金の国庫負担比率をそれまでの三分の一から二分の一にすることや、次回税率アップ時には低年金・無年金対策をしっかり行うことが決まっていた。行政はそこそこまっとうな提案をしているのだ。

もう、高負担から目をそらすのはやめにしよう。「そんなこと言わず、なんかうまい方法があるんじゃないか」と考えるのもおしまいだ。

そんな色気を出すから、甘い話にひっかかる。儲け心に詐欺師がつけ込むのと同じだろう。「賦課方式をやめて積立方式にすればいい」「行政の無駄を減らせば、増税は必要ない」「過去世代への出血サービスがいけない」「年金官僚の放漫経営が破綻を招いた」——。こんな話に対して、いちいち検証を行った。どこにもうまい話などはない。日本人は空気や水や平和はタダだと思っている。ここに「福祉」も半ば加わっているのだ。目を覚まそう。高福祉なら高負担は仕方がないことなのだ。

ただ、そうは言っても、社会では少なくなる現役世代ばかりに、負担がどんどん高まる。それでは確かに、不公平感が否めない。そこをどうするか。私はこの問題も、日本人の心が出発点になっていると感じる。少子高齢化社会の悪いところしか見ていないからだ。

今後ますます高齢者が増え、現役世代は減るが、その分、現役世代は雇用機会が増え、待遇・給与の改善も進み、世帯収入は増えていく可能性がある。非正規労働者の待遇改善も進むだろう。流通を中心に有期雇用の無期転換を図る企業が普通になり、キャリアラダー制度を設けて昇給昇進チャンスを用意する事例も出てきた。新卒の就職を見ても環境は二〇年前よりも格段によくなっている。

女性活躍の進展も甚だしい。今までのように、「子供を産んだら女性は家庭」などというような、差別的な性別役割分担など人材不足でもうできはしない。女性が子どもを産んでも継職できる社会となり、夫婦で年金の二階部分をもらえる人が増えていくはずだ。

それでも人手は不足するから、社会参加ができる高齢者が増える。その収入は老後の生活の足しにもなるだろうし、仕事をすることで自発的に年金の受給開始年齢を後ろ倒しにできれば、年金受給額も増やせる。何より、一人で家にこもるだけの寂しい余生を送らなくてもすむ。

そう、少子高齢化は悪いことばかりではない。問題は、それを前向きに受け止めるか否かだ。日本人はなんでも「ことの悪い側面」ばかりを強調する。それもついでにやめてしまおう。これからの日本を「長寿が愉しめ、女性も高齢者もスポイルされずに活躍できる社会」と見るか、「女性も高齢者も働かなければならない社会」と見るか、それは心の持ち方次第ということだ。

けっきょく、今の社会問題は、その一端が、私たちの「心」から発していると気づいておきたい。

この本は、私が編集長を務める人事・経営誌『HR MICS』の二七号(二〇一七年八月一日発行)特集に大幅に筆を加えて一冊にまとめたものだ。同誌特集の制作時からお知恵を借り続け、論旨の構成にかかわり、新書化でもお力を貸していただいた、慶應義塾大学商学部教授の権丈善一先生に、心から感謝の気持ちを記したい。最後の最後に、つけたし程度で本当に恐縮だが、先生の著作、刊行物やホームページ、フェイスブックなどへの寄稿を、随所で拝借させていただいた。先生なしではこの本は到底、日の目を見ることがなかったことを、重ねて申し上げておく。

ちくま新書
1448

年金不安の正体

二〇一九年一一月一〇日　第一刷発行
二〇二五年　二　月　五　日　第二刷発行

著　者　海老原嗣生（えびはら・つぐお）

発行者　増田健史

発行所　株式会社 筑摩書房
東京都台東区蔵前二-五-三　郵便番号一一一-八七五五
電話番号〇三-五六八七-二六〇一（代表）

装幀者　間村俊一

印刷・製本　株式会社 精興社

ISBN978-4-480-07265-8 C0236

ちくま新書

1288 これからの日本、これからの教育
前川喜平　寺脇研
二人の元文部官僚が「加計学園」問題を再検証し、生涯学習やゆとり教育、高校無償化、夜間中学など一連の改革をめぐってとことん語り合う、希望の書！

1289 ノーベル賞の舞台裏
共同通信ロンドン支局取材班編
人種・国籍を超えた人類への貢献というノーベルの理想、しかし現実は。名誉欲や政治利用など、世界最高の権威ある賞の舞台裏を、多くの証言と資料で明らかに。

1253 ドキュメント 日本会議
藤生明
国内最大の右派・保守運動と言われる「日本会議」。改憲勢力の枢要な位置を占め、国政にも関与してきた。謎めいたこの組織を徹底取材、その実像に鋭く迫る！

1361 徹底検証 神社本庁
——その起源から内紛、保守運動まで
藤生明
八万もの神社を傘下に置き、日本会議とともに保守運動を牽引してきた巨大宗教法人・神社本庁。徹底取材により、内紛から政治運動までその全貌を明らかにする！

1362 沖縄報道
——日本のジャーナリズムの現在
山田健太
オスプレイは「不時着（読売・産経）」したのか「墜落（沖縄紙）」したのか——。沖縄をめぐる報道から、偏向、分断、ヘイトが生まれる構造を解き明かす。

1308 オリンピックと万博
——巨大イベントのデザイン史
暮沢剛巳
二〇二〇年東京五輪のメインスタジアムやエンブレムのコンペをめぐる混乱。巨大国家イベントの開催意義とは何なのか？　戦後日本のデザイン戦略から探る。

1357 帝国化する日本
——明治の教育スキャンダル
長山靖生
明治初頭の合理主義はどこで精神主義に転換し、妄想的な愛国主義へ転化したのか。哲学館事件などの教育スキャンダルから、帝国神話形成のメカニズムを解明する。